Fruit & Vegetable Cutting
フルーツ&ベジタブル カッティング

フルーツアカデミー® 代表 **平野泰三** Taizo Hirano
フルーツアーティスト®

フルーツアカデミー® 校長 **平野明日香** Asuka Hirano
フルーツアーティスト®

旭屋出版

CONTENTS

フルーツ&ベジタブルカッティングには、魅力がいっぱい…004

フルーツカッティング FRUIT CUTTING…015

作品集 ANTHOLOGY…016

マスクメロン・スワン MUSKMELON SWAN	ウォーターメロン・ウェーブ WATERMELON WAVE	ネーブルオレンジ・キャンドルスタンド NAVELORANGE CANDLE STAND
ハネジューメロン・ハート HONEYDEW MELON HEART	ウォーターメロン・トライアングル・パターン WATERMELON TRIANGLE PATTERNS	パパイヤ・ボート PAPAYA BOAT
ハネジューメロン・スワン HONEYDEW MELON SWAN	ウォーターメロン・プラカード WATERMELON PLACARD	パパイヤ・フラワー・ツリー PAPAYA FLOWER TREE
クインシーメロン・フラワーボール QUINCY-MELON FLOWER BALL	ウォーターメロン・ポートレート WATERMELON PORTRAIT	ストロベリー・フラワー STRAWBERRY FLOWER
ウォーターメロン・ローズ WATERMELON ROSE	パイナップル・ツリー PiNEAPPLE TREE	ストロベリー・リーフ STRAWBERRY LEAF
ハネジューメロン・バスケット HONEYDEW MELON BASKET	パーシモン・フラワー PERSIMMON FLOWER	スマイリー・ストロベリー SMILY STRAWBERRY
パイナップル・ボート PINEAPPLE BOAT	ハネジューメロン・ローズ HONEYDEW MELON ROSE	ストロベリー・ハート STRAWBERRY HEART
パパイヤ・フラワー PAPAYA FLOWER	アップル・カーネーション APPLE CARNATION	ストロベリー・クラウン STRAWBERRY CROWN
ウォーターメロン・ハート・フラワー WATERMELON HEART FLOWER	アップル・キャンドルスタンド APPLE CANDLE STAND	

フルーツカッティング法 FRUIT CUTTING TEQUNICS…033

マスクメロン・スワン…033
MUSKMELON SWAN

ハネジューメロン・ローズ…037
HONEYDEW MELON ROSE

ハネジューメロン・ハート…041
HONEYDEW MELON HEART

ハネジューメロン・スワン…051
HONEYDEW MELON SWAN

ハネジューメロン・バスケット…055
HONEYDEW MELON BASKET

クインシーメロン・フラワーボール…063
QUINCY-MELON FLOWER BALL

ウォーターメロン・ローズ…073
WATERMELON ROSE

ウォーターメロン・トライアングル・パターン…078
WATERMELON TRIANGLE PATTERNS

ウォーターメロン・ウェーブ…086
WATERMELON WAVE

ウォーターメロン・プラカード…095
WATERMELON PLACARD

ウォーターメロン・ポートレート…099
WATERMELON PORTRAIT

パイナップル・バタフライ…105
PINEAPPLE BUTTERFLY

パイナップル・ツリー…108
PINEAPPLE TREE

ペア・コンポートカット…110
PEAR COMPOTE CUT

パーシモン・フラワー…112
PERSIMMON FLOWER

アップル・バタフライ…113
APPLE BUTTERFLY

アップル・カーネーション…115
APPLE CARNATION

アップル・キャンドルスタンド…119
APPLE CANDLE STAND

ネーブルオレンジ・キャンドルスタンド…127
NAVELORANGE CANDLE STAND

パパイヤ・フラワー…129
PAPAYA FLOWER

パパイヤ・ボート…132
PAPAYA BOAT

パパイヤ・フラワー・ツリー…135
PAPAYA FLOWER TREE

ストロベリー・フラワー…140
STRAWBERRY FLOWER

ストロベリー・リーフ…140
STRAWBERRY LEAF

スマイリー・ストロベリー…141
SMILY STRAWBERRY

ストロベリー・ハート…141
STRAWBERRY HEART

ストロベリー・クラウン…142
STRAWBERRY CROWN

フルーツ&ベジタブルカッティング
Fruit & Vegetable Cutting

ベジタブルカッティング VEGETABLE CUTTING…143

作品集 ANTHOLOGY…144

パプリカ・チューリップ PAPRIKA TULIP	パプリカ・バスケット PAPRIKA BASKET	キャロット・カーネーション CARROT CARNATION
ジャパニーズ・ラディッシュ・ダリア JAPANESERADISH DALIA	プチトマト・フラワー CHERRY TOMATO FLOWER	キャロット・マダー CAROTT MADDER
キャロット・リーフ CARROT LEAF	キャロット・イアー・オブ・ライス CAROTT EAR OF RICE	キャロット・ミニフラワー CARROT MINI FLOWER
キャロット・ローズ CARROT ROSE	キューカンバー・フラワー CUCUMBER FLOWER	ジャパニーズ・ラディッシュ・ローズ JAPANESERADISH ROSE
ジャパニーズ・ラディッシュ・カミーユ JAPANESERADISH CAMILLA	キャロット・フラワー CARROT FLOWER	パンプキン・デコレーションケース PUMPKIN DECORATION CASE

ベジタブルカッティング法 VEGETABLE CUTTING TEQUNICS…151

キャロット・リーフ❶…151
CARROT LEAF

キャロット・リーフ❷…153
CARROT LEAF

キャロット・ピジョン…155
CARROT PIGEON

キャロット・イアー・オブ・ライス…157
CARROT EAR OF RICE

キャロット・フラワー…162
CARROT FLOWER

キャロット・ミニ・フラワー…164
CARROT MINI FLOWER

キャロット・カーネーション…166
CARROT CARNATION

キャロット・マダー…172
CARROT MADDER

キャロット・クリスタル・ボール…174
CARROT CRYSTAL BALL

プチトマト・フラワー…179
PETIT TOMATO FLOWER

パプリカ・バスケット…181
PAPRIKA BASKET

キューカンバー・フラワー…183
CUCUMBER FLOWER

ジャパニーズ・ラディッシュ・ローズ…188
JAPANESERADISH ROSE

ジャパニーズ・ラディッシュ・ロータス…192
JAPANESERADISH LOTUS

ジャパニーズ・ラディッシュ・ダリア…196
JAPANESERADISH DALIA

ジャパニーズ・ラディッシュ・カミーラ…200
JAPANESERADISH CAMILLA

パンプキン・デコレーションケース…206
PUMPKIN DECORATION CASE

美しいフルーツ&ベジタブルカッティングを味わってください…214

著者紹介…214

フルーツ&ベジタブルカッティングには、魅力がいっぱい。

　フルーツの持つ自然な色や香り、みずみずしさは魅力的です。フレッシュな野菜の色と香りもヘルシーなイメージがよく伝わります。

　そのフルーツ、野菜の魅力をいっそう引き立てるのが、カッティングというテクニックだと思います。

　きれいにカッティングすることで、食べやすくなることはもちろん、その香り、みずみずしさが強調されます。ふだん食べなれているフルーツや野菜が華やかに、豪華に見せられます。カッティングすることで立体的な表情が出て、存在感が高まります。パーティ、おもてなしに、季節のフルーツや旬の野菜をカッティングして飾ると、演出として喜ばれます。

　四季のフルーツと世界からの輸入フルーツ、そして野菜も豊富な日本では、フルーツと野菜のカッティングを組み合わせてテーブルの上を多彩に演出することができます。

　完成品を見ると難しそうなカッティングのテクニックもありますが、パターンの繰り返しでカッティングしていくものも多いです。わかりやすいように写真の他に図でナイフの刃の動きや切り方の説明も付けました。根気よく練習して、フルーツ&ベジタブルカッティングを楽しんでください。そして、料理やテーブルの上をフルーツ&ベジタブルカッティングで飾り、家族やお客様を楽しませてください。

フルーツアカデミー® 代表 **平野泰三**
フルーツアーティスト® Taizo Hirano

フルーツアカデミー® 校長 **平野明日香**
フルーツアーティスト® Asuka Hirano

フルーツ&ベジタブルカッティングの魅力 1

食べやすくし、もっと食べたくなる

皮をとって切るのが、フルーツと野菜の普通の食べ方ですが、皮の切り方、果肉の切り方、切ったものの並べ方で、食べやすくすることもできます。「へぇー、こういう切り方もあるんだ」というアイデアは、楽しさが伝わりますし、楽しいとおいしさも向上するものです。

P105

2 フルーツ&ベジタブルカッティングの魅力

料理が華やかに、豪華になる

フルーツや野菜の色合いは、まさに、料理に"華"を添えるのにピッタリです。そのフルーツ、野菜をカッティングして飾ることで、いっそう皿の上が華やかに、そして、豪華になります。カッティングした野菜は、生のまま飾る他、他の素材と一緒に煮たり蒸したりしてもいいでしょう。

P037

P130

P037

3 フルーツ&ベジタブルカッティングの魅力

料理に季節の躍動感が出せる

季節のフルーツ、旬の野菜を料理に添えたり、飾ると季節感が出ます。さらに、カッティングしたフルーツや野菜を飾ると、動きが出ます。フルーツや野菜で花の形にしたりして飾ると、躍動感も出て、よりいっそう季節感をアピールできます。

P129、P188、P151

P113

P112

フルーツ&ベジタブルカッティングの魅力

香りの演出、かわいらしさの演出に

フルーツや野菜は、カッティングすることでその芳香を魅力にできます。とくにフルーツの甘い香りは、心くすぐる演出になります。フルーツで植物の形にしたり蝶の形にしたりして飾ると、愛らしいアクセントを料理やデザートにプラスすることもできます。

P206

P037、P112

P119

P135

P132

5 フルーツ&ベジタブルカッティングの魅力

パーティの演出、非日常の演出に

スイカやメロン、パイナップルなど、大きさのあるフルーツの表面の広さを生かしたカッティングは、パーティの演出になります。大きなフルーツのカッティングを、ピンチョスやオードブルの土台として活用するのもいいでしょう。絵をカッティングするだけでなく、文字をカッティングし、記念にパーティの主役にプレゼントしてもいいですし、途中で皆で食べるというセレモニーを企画しても盛り上がります。

P055、P073、P129

P073

P086

Fruit Cutting
フルーツカッティング

マスクメロン
MUSKMELON

ハネジューメロン
HONEYDEW MELON

クインシーメロン
QUINCY-MELON

スイカ
WATERMERON

パイナップル
PINEAPPLE

洋梨
PEAR

柿
PERSIMMON

リンゴ
APPLE

ネーブルオレンジ
NAVEL ORANGE

パパイヤ
PAPAYA

イチゴ
STRAWBERRY

カッティング法は P033　**MUSKMELON SWAN** マスクメロン・スワン

マスクメロンのスワンは、華やかで豪華で、パーティで喜ばれます。切り取った部分をくり抜き器でボールにくり抜いて飾りました。他のフルーツと一緒に飾ってもいいでしょう。

カッティング法は P041　**HONEYDEW MELON HEART** ハネジューメロン・ハート

ハートの中にバラの花をカッティングし、大小のハートを切り取ります。切り取った土台のタネをきれいに除いて、この空洞に他のフルーツを飾ったりできます。

カッティング法は P051

HONEYDEW MELON SWAN ハネジューメロン・スワン

16ページの「マスクメロン・スワン」とは、首の傾け方等が違います。基本的な流れは同じです。花などを飾って花瓶代わりにしてもいいでしょう。

カッティング法はP063

QUINCY-MELON FLOWER BALL クインシーメロン・フラワーボール

皮の部分、皮の内側の部分、果肉のオレンジ色のコントラストを利用してカッティングします。上部にカッティングで花模様を描き、下の部分はカットして皿に盛り付けた例です。

カッティング法はP073	**WATER MELON ROSE** ウォーターメロン・ローズ
カッティング法はP055	**HONEYDEW MELON BASKET** ハネジューメロン・バスケット
	PINEAPPLE BOAT パイナップル・ボート
カッティング法はP129	**PAPAYA FLOWER** パパイヤ・フラワー

フルーツカッティングは、いろいろなフルーツのを組み合わせるほど、華やかさが倍増し、フルーツの魅力が高まります。スイカは存在感が出ます。皮の緑色と黒い模様、皮の内側の白い部分、果肉の赤い部分の色のグラデーションを利用して表情豊かなカッティングができます。水分の多いフルーツなので、長時間飾っても乾きにくいです。

WATERMELON HEART FLOWER ウォーターメロン・ハート・フラワー

制作／石井麻美

スイカの表面にハートの枠を削り、その中にバラのカッティングをしました。皮の白い部分にもカッティングで葉模様を作り、ゴージャスな雰囲気にカッティングしました。

カッティング法は P086

WATERMELON WAVE ウォーターメロン・ウェーブ

スイカに波模様のカッティングを。皮の緑色を少し残してカッティングし、動きのある仕上がりにします。見る角度で、皮の白い部分、果肉の赤い色の見え方が変わるので、目を引きます。

カッティング法は P078

WATERMELON TRIANGLE PATTERNS ウォーターメロン・トライアングル・パターン

スイカの緑と黒い模様の皮の部分を三角模様でカッティング。その部分を上にしてカットして盛り付けにしました。スイカに見えにくいので、驚きのある盛り付けになります。左は、そのラッピング例です。

カッティング法はP095

WATERMELON PLACARD ウォーターメロン・プラカード

制作／平野明日香(下)、石井麻美(上)

スイカの皮の部分に文字を彫って浮き上がらせます。パーティの主賓の名前、パーティの会の名前などのほか、HAPPY BIRTHDAYや「祝　10周年」などのお祝いのメッセージを彫ることもできます。スイカは表面積が広いので、メッセージの周りにバラを彫って華やかにすることができます。

カッティング法はP099　**WATERMELON PORTRAIT** ウォーターメロン ポートレート

お客さまからのリクエストで、似顔絵やイラストのカッティングをすることもあります。正面から見た時を考えて、彫る範囲を決めます。ポイントは、全身をカッティングする場合は、顔部分を特に注意してカッティングします。中でも目をどこにするかで、スイカの縞模様（黒い部分）を合わせます。スイカの果肉の赤い色を出したいので、イラストのどこで赤を入れるか考えて彫ります。基本的に斜めにナイフの刃を入れて一部分だけ深く彫っていますが、輪郭部分はぼやけないように直角に刃を入れるところもあります。外側のぎざぎざ部分は、遠くから見ることも考えてやや大きめにします。

PINEAPPLE TREE パイナップル・ツリー

カッティング法はP108

葉も丸めて丸ごと使うカッティングです。断面にチョコレートやチーズをスティック等で刺す土台として使用し、パーティの演出に役立ちます。パイナップルは固い芽の部分がらせん状に並んでいるので、食べやすいように芽の部分をV字に抜いています。深く見えますがそれほどでもなく、果肉の部分はそれほど無駄になっていません。

カッティング法は P112　**PERSIMMON FLOWER** パーシモン・フラワー
カッティング法は P037　**HONEYDEW MELON ROSE** ハネジューメロン・ローズ

タネなしの柿(persimmon)を使って「バラ」にします。サラダの中央に飾ったり、パフェに飾ってもいいです。柿のバラのとなりのバラは、ハネジューメロンです。色合いを考えて盛り合わせます。2色のバラで、特別なケーキにできます。

カッティング法はP115　**APPLE CARNATION アップル・カーネーション**

固い果肉のタイプのリンゴには、細かいカッティングができます。ところどころ、ほんの少し皮の部分を残してカッティングすると、表情が豊かになります。花びらを大きく波うたせて、動きを出します。

| カッティング法はP119 | **APPLE CANDLE STAND** アップル・キャンドル・スタンド |
| カッティング法はP127 | **NAVEL ORANGE CANDLE STAND** ネーブルオレンジ・キャンドル・スタンド |

リンゴ、ネーブルオレンジをくり抜いてキャンドル台に利用しました。その表面にはカッティングで模様や花模様を描きました。フルーツをキャンドル台にすると、キャンドルの熱で芳香も漂います。

カッティング法はP132 **PAPAYA BOAT** パパイヤ・ボート

パパイヤを器にするカッティングです。他のフルーツを盛り付けたり、アイスクリームやシャーベットを盛り付けてもいいでしょう。

カッティング法はP135　**PAPAYA FLOWER TREE** パパイヤ・フラワー・ツリー

パパイヤを立てて飾るときのカッティング例です。パパイヤは、カッティングすると甘い香りが立ち昇りますので、パーティの演出にも効果的です。

カッティング法はP140	**STRAWBERRY FLOWER** ストロベリー・フラワー
カッティング法はP140	**STRAWBERRY LEAF** ストロベリー・リーフ
カッティング法はP141	**SMILEY STRAWBERRY** スマイリー・ストロベリー
カッティング法はP141	**STRAWBERRY HEART** ストロベリー・ハート
カッティング法はP142	**STRAWBERRY CROWN** ストロベリー・クラウン

親しみのあるイチゴも、カッティングをすると新鮮な趣きが出ます。また、そのままイチゴを飾るより、カッティングして飾ったほうが、イチゴがたくさんのっているような印象を与えることもできます。

MUSKMELON SWAN
マスクメロン・スワン

マスクメロンのスワンは、華やかで豪華で、パーティで喜ばれます。

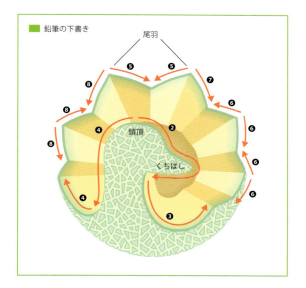

使用するナイフ

刃渡り4.5cmのカービングナイフ。刃が硬く、細身なので細工やカーブがしやすく、固い素材も向いています。それと、くり抜き器を使用。

馴れないうちは、濃い鉛筆で、カットするスワンの図柄の下書きをしてから切るといいです。2Bくらいで大きく書いて、線の中側を切ると、鉛筆の線が残りません。枝付きの近くにスワンの頭頂がくるようにします。

2

左手でしっかりメロンを押さえ、薬指をストッパーにして、メロンの内側の、タネがある空洞のところまで刃を入れます。ナイフを入れる深さは果肉の厚みだけで、あまり深く刃を入れる必要はありません。スワンの頭頂から切り始め、くちばしに向かいます。くちばしは大きめに切り、仕上げのときに調整します。最初からくちばしを尖らせようとすると、失敗したときに修正がしにくいです。

3

くちばしの下の部分から首にかけてナイフを入れます。

4

頭頂から首の後ろにかけてナイフを入れます

マスクメロン・スワン

5
枝付きをはさんで、頭頂の反対側に尾羽になる部分のカットをします。頭頂と枝付きを結ぶ線の延長に頂点がくるようにV字に切り込みを入れます。

8
④でカットした延長に、⑥と同じように切り込みを入れ、⑦と同じように尾羽にするV字の切れ目とつなげます。

6
③でカットした延長に、羽になる部分の小さなV字の切り込みを入れます。

9
切り込みを入れた部分の尾羽のところに切り込みを入れて、半分だけはずします。枝付きの部分を持って、果肉が切れていることを確認しながら、丁寧に半分はずします。

7
⑤の尾羽にするV字の端と、⑥のV字の切れ目をつなげます。

10
残りの半分もていねいにはずします。首の部分は折れやすいので、やさしくおさえてはずします。この後、くちばしのところを尖らせるように整えます。

▶マスクメロン・スワン

11

くり抜きを使って、タネの部分をかき出して、中をきれいに整えます。かき出したタネの部分は目に細かいシノワで漉してサイダーで割ればメロンサイダーになります。

12

はずした部分の果肉をくり抜きでボールにします。これと、パイナップルやスイカのボールとともに中に盛り付けます。

HONEYDEW MELON ROSE
ハネジューメロン・ローズ

使用するナイフ

カービングナイフを使用。

1

バラを作りたいところを真上にして始めます。硬いペン先のようなもので押して印を付けます。中央をまず決め、その上下左右に同じくらいの間隔で点を打ち、その点を結び、円を描きます。

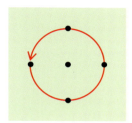

2

カービングナイフの刃を立てて、刃先を10㎜ほど入れます。中指をコンパスの針のようにして頂点に置き、直径3㎝の円形に切り込みを入れます（下の図①）。時計の9時から6時の方向へメロンを回して引き切り、進みます。続いて、その円の5㎜外側から最初に入れた切り込みの刃先に向かって斜めに切り込みを入れ（下の図②）ます。時計の3時から6時方向へメロンを回して切り進み、V字に切り取ります。

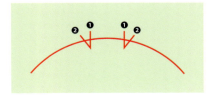

3

中にできた円柱の角をを落として丸く整えます。

4

丸く整えた3の端に縦に刃を入れ（右図①）、続いて角度を変えて刃を入れて（右図②）切り取って花びらにします。次の花びらを作る分を丸く整えます。その花びらに端が重なるように次の花びらを同様に作ります。

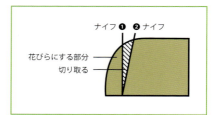

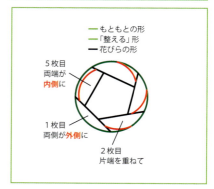

5

1周したら、中にも低く、ひと回り小さな花びらを同様に作ります。

6

まず、花びらの表面を作ります。バラのまわりの溝（青いライン）を切り取って整える（赤いライン）。続いて、花びらを作る。（黒いライン）中央根元（A）から始める。立ててナイフを入れ、ナイフの柄をひねりつつ、ナイフを寝かせて中央先端（B）へ。左右同様にして、中央先端（B）で合流します。

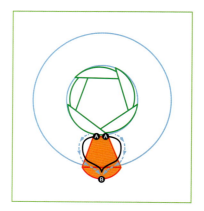

7

次の花びらになる分の表面を整えて、花びらの端が重なるようにして、1周、花びらを作ります。

8

1周目の花びらと花びらの間に花びらがあるように、6と同様に2周目の花びらを作ります。

9

花をくり抜きます。刃先を花の中心の下の延長線上に向けて斜めに、タネのところまで深く刺し込みます。刃先の向きはそのままで、刃を上下に動かし、ハネジューメロンを時計回りとは逆に回しながら切り進み、くり抜く。

▶ ハネジューメロン・ローズ

アレンジバージョン

P37のハネジューメロン・ローズのバリエーション。同じ大きさのバラの花を半球面いっぱいに並べて彫ります。

制作／新澤結加

1

花びらの土台になる半球を1つ作り、その半球に接するように、周りに6つの半球を作ります。ここから半球を拡げていきます。

2

P037のハネジュメロンのバラのように、1つ1つの半球に、バラの花びらを彫っていきます。ち花びらの中央の部分は、全部同じ形にしないで、多少、形が違ったほうが、動きが出て表情が豊かになります。

HONEYDEW MELON HEART
ハネジューメロン・ハート

入手しやすく手頃な価格のハネージュメロン。皮がすべて黄色くなった時が食べ時です。

使用するナイフ

カービングナイフ、くり抜き器を使用。

1

大きなハート形を作ります。カービングナイフの柄の先で、下書きをします。正面から見た時に目いっぱいギリギリの大きさだと、パッと見たときにハートの形が分かりにくくなります。ギリギリよりも一回り小さい位で作りましょう。動きを付けるために、ハートの形は左右対称でないほうがよいです。

2

ハートの中央に丸を浮き彫りにします。カービングナイフの柄の先で、目印を付けます。

3

下書きを参考にして、カービングナイフの刃先をまっすぐ刺します。小指をコンパスの針にする感じで、時計の9時の部分に刺して、6時の方向に刃を上下させながら、メロンを回しつつナイフを進めます。メロンを回しますので、ナイフは9時の位置のままです。

4

円の少し外側に、切り込みを入れます。最初に切った円の刃先の位置に向けて斜めにカービングナイフを刺します。3時の位置から6時の位置に向かい、ナイフを上下させながらメロンを回しつつ切り進み、輪を切り取ります。メロンを回すので、ナイフは3時の位置のままです。

5

円の外側のフチを削ります。

6

丸をバラの花にしていきます。ナイフの刃を、丸の部分の端に垂直に入れます。（P43の図のナイフ11①）

ハネジューメロン・ハート ◀

7

次にその切り口の内側から、垂直に入れた刃先に向けて角度を大きく変えて、刃を外向きにして斜めに刃先を入れて切り取り（右図のナイフ②）、花びらを浮き上がらせます。

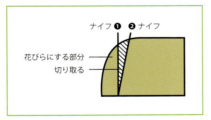

ナイフ❶ ❷ナイフ
花びらにする部分
切り取る

8

表面のデコボコを削って整え、次の花びらを作ります。1枚目の花びらに重なるように、花びらの内側から切り込みを垂直に入れ、角度を大きく変えて斜めに刃先を入れて切り取り、花びらを浮き上がらせます。同じように繰り返し、5枚の花びらを作ります。

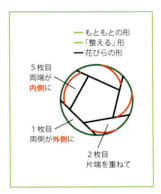

― もともとの形
― 「整える」形
― 花びらの形

5枚目
両端が**内側**に

1枚目
両側が**外側**に

2枚目
片端を重ねて

花びらの中心部分に、2周目を作ります。表面を整え、1周目と同じように切り込みを入れて浮かびあがらせていきます。3、4枚程作り、中心部分はつぼみが残っているイメージで、尖らせた形にします。

溝の外側に花びらを作っていきます。溝の表面をカーブ状に切り取り、花びらの表面を作ります。

花びらの裏側を作ります。作った表面に刃を立てて入れ、カーブを描きつつ切り進め、花びらの先端部分を尖らせます。

花びらになる部分の裏側から、角度を変えて刃を入れ、下側(裏側)を切り取って花びらを浮き上がらせます。2枚目の花びらは、1枚目の裏側から重なるように作っていきます。同じようにして、5枚の花びらを作ります。

ハネジューメロン・ハート

13

ハート内の隙間を見て、隣にもう一つバラを作ります。端が少し重なる位の場所に、カービングナイフの柄の部分で円を下書きし、1つ目のバラと同じように切り進めていきます。

14

外側の花びらも、同じように作っていきます。隣のバラと重なっている部分は花びらを省略します。

15

空いているスペースに、つぼみを作ります。メロンの表面に対し、90度にまっすぐ刃を入れ、つぼみの輪郭を作ります。左右から同じように刃を入れ、先端部分で合流させます。

16

先に入れた線の刃先の位置に合わせ、内側から斜めに刃を入れ、切り抜きます。

つぼみの表面を削り、アーモンド型に丸く整えます。

表面に峰が出ているので、削って丸く整えます。

1本目の線の下に、1本目と同じようにして2本目の線を切り取ります。

表面に溝を作っていきます。刃を浅く立て気味に入れ、やや斜めにしながら切り目を入れます。次に、先に入れた線の刃先に向けて、刃を寝かせ気味にして刃先を入れて、ややカーブさせながら切り進め、切り取ります。

ハネジューメロン・ハート

21

真ん中部分にカーブさせながらV字で溝を作ります。先端部分や隙間部分を整えます。

22

隙間部分にもう一つバラを作ります。

23

ハート内で、隙間部分に葉っぱを作ります。ハートの輪郭を意識しながら、葉の位置を決め、表面を作ります。中心線を決め、中心線が低くなるように切り取ります。

24

葉の表面部分から刃を入れ、進みながら刃を出し、出したらひねってまた入れて、を繰り返してフチをギザギザに仕上げます。

25

角度を変えて刃を入れ、下側（裏側）を切り取り、葉っぱを浮き出させます。

スペースを見ながら、重ねて葉っぱを作ります。

26

27

ハートの輪郭に沿って整え、余分なところを切り取ります。

28

ハートの輪郭のやや外側に、カービングナイフの柄の部分で一周線を引きます。

ハネジューメロン・ハート

下線に沿って、メロンの中心を意識しながら斜めに根本まで刃を入れ、一周させて果肉ごとくり抜きます。

ワタの部分を処理します。くり抜き器でタネを取り除きます。

▶ ハネジューメロン・ハート

バランスを考えながら、さらに2か所に小さなハートを作ります。下絵を描き、ナイフで切って抜きます。

フチを削って整えます。果肉部分や、タネの繊維等もきれいに処理しましょう。

HONEYDEW MELON SWAN
ハネジューメロン・スワン

カービングナイフの柄の先など、硬いもので下絵を書きます。メロンの真ん中から下が器になるようにイメージします。首をかしげているようなデザインで、メロンの真ん中あたりが顔になるようにします。

グローバルの刃渡り11cmのペティナイフ（GP-11）、カービングナイフ2種類、くり抜き器を使用。

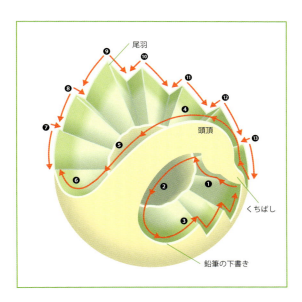

2

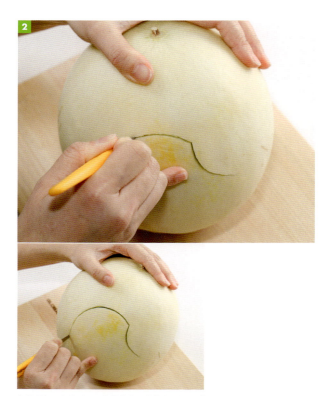

左手でしっかりメロンを押さえ、小指をストッパーにして、メロンの中心に向かって垂直に刃を入れます。メロンの内側の、タネがある空洞のところまで刃を入れたら、下絵に沿って切っていきます。最初はスワンの首のところから切り始めるといいでしょう。ハネジューメロンは肉厚なので、4，5㎝の刃渡りギリギリまで深く沈める必要があります。続いて、首の下から羽根の付け根に向かって切り進めます。

3

首の下にあたる、羽根の部分のギザギザを作ります。ギザギザを2個分作り、そのまま頭部分につなげていきます。頭の下から羽根で作る空洞部分で、あとから抜くところになります。

4

あとから抜くところをすべて線でつなげ、くちばし部分の先端の部分はつなげて、頭の反対側を切り始めます。頭の後ろ側から、羽根の付け根に向かって刃を進めます。

5

左手でしっかりメロンを押さえ、薬指をストッパーにして、首の根本から右側へ、羽根の続きを切っていきます

ハネジューメロン・スワン ◀

6

ギザギザに切り取っていきます。三角錐が均一な形だと機械的に感じるので、後ろにいくにしたがいだんだん大きくしていくといいでしょう。首の真後ろ部分まで羽根部分をつなげたら、反対側へ切り進みます。

7

首の左側の付け根から、三角錐の切り込みを続けていきます。左右から切り進めた三角錐のギザギザを合流させます。ここまでずっと刃先はメロンの中央へ向けた状態で進めます。

8

中の空洞部分でタネの周りの繊維がからんでおり、果肉部分が切れていても抜きづらいです。そのためいくつかに切り分けてから抜きます。特に首下の空洞部分は丁寧に。隙間に指を入れてゆっくりと果肉を抜くと、割れずにきれいに抜くことができます。

9

その他の部分も、いくつかに分割して外していきます。上半分は、頭と首の部分を残してすべて外します。

▶ ハネジューメロン・スワン

くり抜き器を使って、タネの部分をかき出して、中をきれいに整えます。

顔を細く整えるます。最初から細くして切り抜こうとすると切り過ぎて失敗しやすいので、この段階で断面を削っていくような感じで刃を入れ、きれいに仕上げます。

首や頭部分、くちばし部分を整えます。刃先は中央に向け、一度に切り整えようとはせずに、皮だけ削るような感覚で少しずつ削って整えます。

尾羽部分を整えて完成です。

HONEYDEW MELON BASKET
ハネジューメロン・バスケット

ハネジューメロンは、表面が緑のものをカッティングでは選びます。表面が黄色のものは熟しているので、カッティング中に崩れやすいです。

使用するナイフ

グローバルの刃渡り11cmのペティナイフ（GP-11）、カービングナイフを使用。

1

枝付きのところから花落ちのところまで、マスキングテープを1周巻きます。巻いたテープの上の部分が、バスケットの取っ手になります。

2

ハネジューメロンの座りのいい位置を確認し、頂点を決めます。カービングナイフの軸や竹串などで印を付けます。頂点にバラを彫ります。

3

頂点の左右等間隔にマスキングテープを貼ります。この幅がバスケットの取っ手の幅になります。頂点を中心にして、取っ手の幅の半分の直径の円の切り込みを入れます。切り込みを入れるときの目印として、時計の12時、3時、6時、9時のところに印を入れます。

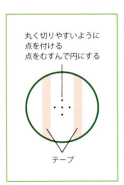

丸く切りやすいように
点を付ける
点をむすんで円にする

テープ

4

中指を頂点の部分に置いてコンパスの軸にし、カービングナイフの刃を垂直に5〜10mm入れてナイフを上下させながらメロンを回して、印を付けたところを目印にして丸く切り込みを入れます。

5

切り込みの5mmほど外側から、垂直に切り込みを入れた刃先に向けて斜めにナイフを入れ、外輪を切り取ります。

6

内側の円柱の縁を削り、丸く整えます。

7

花びらを作ります。内側の円柱の端にナイフの刃を垂直に入れ（右図のナイフ①）、その切り口の内側から、垂直に入れた刃の先に向けて、角度を変えて刃先を斜めに入れて切り取り（右図のナイフ②）、花びらになる部分を残して浮き上がらせます。

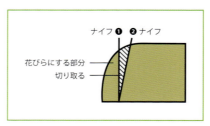

ハネジューメロン・バスケット ◀

8
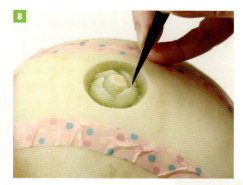

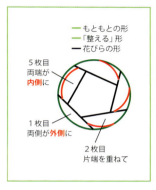

最初の花びらに重なるように、花びらの内側から切り込みを垂直に入れ、角度を変えて斜めに刃先を入れて切り取り、花びらになる部分を浮き上がらせます。花びらが重なる部分が薄くなるように整えると、より花びららしくなります。

9

花びらを1周5枚作ったら、中央の部分を丸く低くして整えます。

10

外側の円の縁を斜めに切って円を広げます。

11

外側の円を広げたら、この面がこれから作る花びらの表面になります。ナイフを表面に沿わせて花びらの形に切って作ります。刃先は丸の真下へ向けています。

12

ナイフの刃を寝かせて、花びらの裏面に刃先を当てるように切り取ると、花びらが浮き上がります。

057

13

花びらが重なるように斜めに切り込みを入れ、さらにナイフの刃を寝かして斜めに切り込みを入れて切り取り、花びらになる部分を浮き上がらせます。

14

外側に5枚の花びらを浮き上がらせます。

15

邪魔になるようならば、マスキングテープをはがします。

16

バラの横に(少し欠けた)丸を浮き彫りにします。メロンに対して垂直に刃を入れて深さ5mm～10mm入れてナイフを上下させながらメロンを回します。
5mmほどその外側から刃先に向けて斜めにナイフを入れ、丸を浮き彫りにします。

17

中央バラの反対側にも同様に丸を浮き彫りにします。

18

6のように、内側に円柱の縁を削って丸く整えます。両側の円を同様に整えます。

19

7の要領で切り込みを入れて、花びらを浮き上がらせます。

20

1枚目に浮き上がらせた花びらの端の内側から切り込みを垂直に入れ、角度を変えて斜めに刃先を入れて切り取ります。1枚目の花びらと重なるように、2枚目の花びらを浮き上がらせます。

21

8の図のようにして4枚の花びらを浮き上がらせ、続いて内側にも花びらを浮き上がらせます。外側にも花びらを浮き上がらせます。

22

中央のバラの下から、両側のバラが見えています。接した部分が隠れている雰囲気です。

23

最初に中央のメインの葉脈を浮き彫りにします。尖ったもので押すようにすると、下絵を描けますので、描いてから切っても良いです。

24

葉脈は、左右対称ではなく、少し曲線で描くと、動きが出ます。

25

刃の輪郭にする部分をV字に切り取ります。

26

葉の外側に、葉先からギザギザを付けます。切りやすいよう、メロンを動かしながら切ります。

27

空いているスペースを埋める感じで配置します。

ハネジューメロン・バスケット ◀

28

花のまわり、葉のまわりがゆるやかな角度になるように整えます。

30

テープに沿って同様に切り込みを入れます。慎重に、取っ手になる部分を残して切り取ります。

29

刃先を中央真下に向けたまま、花のまわりに深く、タネの部分に達するまでナイフを入れ、引き抜きながら切ります。

31

反対側も29と同様に切り取ります。

▶ ハネジューメロン・バスケット

ペティナイフに持ち替えて、刃先で少しずつタネをかき出すようにして種を取り除きます。続いて、くり抜き器で整えます。

反対側も32と同様に模様を付けます。

取っ手の内側、バスケットの内側をペティナイフで整えます。

三角錐の形にきりこみを入れます。花落ち、枝付きが見えないように切り取りながら、ギザギザの模様を付けます。

QUINCY-MELON FLOWER BALL
クインシーメロン・フラワーボール

赤肉タイプのクインシーメロンの方が、グラデーションも出てきれいに見えます。なるべく果肉を切らないように浅く彫り、下半分をカットして盛り付けることで、"食べられる"ことを強調しています。

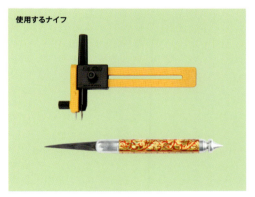

コンパスカッター、カービングナイフを使用。

1

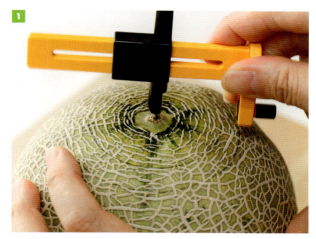

コンパスカッターで、枝付きを軸にして円形のスジを付けます。真上から見て、円の直径を0.9とすると、その両端が1になる位の比率（図のⒶとⒸが同じ長さ）になるようにします。

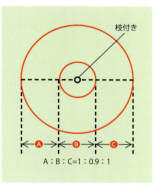

2

コンパスカッターでスジを付けたところに、カービングナイフの刃先を1.5cmほどまっすぐ刺します。小指をコンパスの軸にする感じで、時計の9時の位置に刺して、6時の方向に刃を上下させながら、左手でメロンを回しつつナイフを進め、1周させます。メロンを回しますので、ナイフは9時の位置のままです。

3

円の5mmほど外側から、切り込みを入れます。最初に切った円のときの刃先の位置に向け、斜めにカービングナイフを刺します。時計の3時の位置から6時の位置に向かい、ナイフを上下させ、メロンを回しながら切り進み、輪を切り取ります。メロンを回すので、ナイフは3時の位置のままです。

4

ペティナイフで枝付きのまわりの皮を削ります。最初は、内円部分を輪で切り取り、その後、残りの部分を削り、丸くしていきます。

5

円の外側1cm程のところに、刃先をメロンの中央から少し下に向けて刃を入れます。刃先はくりぬいた円の下部分に合流させます。一周して輪を切り取ります。

6

空間が広がって刃を入れやすくなったところで、内側の端をさらに削り、より丸みを出します。

クインシーメロン・フラワーボール ◀

7

外周部分を削り、内側を
より丸く整えていきます。
これを3,4回繰り返して
きれいに丸く整えます。
最後に枝付き部分を削り
落とします。

8

16等分に溝を作
ります。浅く、V
字に抜いていきま
す。

9

尖った花びらを作っていきます。溝の先端部分に、右からと左からそれぞれ線を
引き、V字の切り込みにします。刃の向きはそれぞれ内向きです。

065

花びらの裏側を切り取り、花びらを浮き上がらせます。16枚分同じように作ります。刃先はやや外向きです。

中央部分を削り、表面を整えます。

外側の花びらの間に、花びらを作っていきます。刃を立てて切り込みを入れ、刃を寝かせて裏側を切り取り、花びらを浮き上がらせます。同じように16枚分作っていきます。

クインシーメロン・フラワーボール ◀

13

中央部分を削り、表面を整えます。2周目と同じく、3周目を作ります。だんだんスペースが狭くなっていくので、刃先だけを使って浅く刃を入れ、小さな花びらにしていきます。

14

最後、中心に行き着きます。最後は狭くて16枚分作れないので、雰囲気で合わせていきます。枚数よりも三角の形がきれいに出るようにしていきましょう。

15

外側に花びらを8枚作ります。外側を削り、8等分に放射状にV字溝を作ります。ここでしっかり真ん中を決めることで、後々きれいな仕上がりになります。

067

16

フチの部分を三角錐に切ります。まず溝のフチのV字溝から、溝と溝の中間に向けて刃を寝かせて入れ、皮の部分だけは深く、実の部分は浅く、下方向に切り込みを入れます。

17

真ん中まできたら、親指と人差し指でナイフの柄をひねり、すっと下に切り込みを入れます。反対側からも同じように切り込みを入れ、抜きます。

18

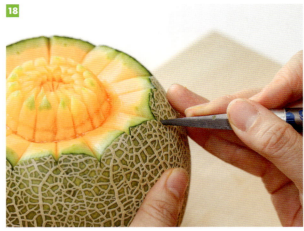

8か所とも同じように切り、1周させます。

19

フチの部分を少し削り、皮の厚みを利用して角度を付け、グラデーションを広くします。果肉の部分はそのままで、緑色の部分が広くなります。8カ所ともすべて同じようにします。

クインシーメロン・フラワーボール ◀

20

溝の付け根側から、刃を立てて入れます。フチ側の、先に入れた切り込みの少し下の部分に向けて、徐々に刃を寝かせながら切り込みを入れます。

21

真ん中まできたら、すっと下に引きます。

22

反対側からも同じように切り込みを入れ、先に入れた切り込みの先端と合流させます。

23

花びらの下の部分を切り取り、花びらを浮き上がらせます。先に入れた切り込みの刃先に重なるように、皮側から刃を入れて切り取ります。反対側も同じようにします。メロンを向こうへ傾けると楽です。

24 花びらの先端部分に皮が少し残るようにしましょう。8枚とも同じようにします。

25 花びらの間の出っ張った部分を切り落とし、平らにします。

26 2周目を作っていきます。花びらと花びらの間に、2周目の花びらを作り、下の部分を切り取って花びらを浮かび上がらせます。

27 8枚分同じように作ります。2周目の花びらは、1周目より大きくなります。

28 3周目を作ります。2周目の花びらと花びらの間に、3周目の花びらを作ります。花びらの先端は、1周目の花びらの先端と中心線上に重なります。下の部分を切り取って花びらを浮き上がらせます。

クインシーメロン・フラワーボール

29

3周目の花びらの先端から、真下に向けて皮部分を1cmほど切ります。

30

2周目の花びらの先端下から、5mmほど下より切り込みを入れます。刃先は、花びらの裏側を抜いた時の刃先に重ねます。花びらと同じようなカーブを描き、先に入れた切り込みの先端と合流させます。

31

反対側からも同じように切り込みを入れ、切り取ります。

32

カーブ部分の中心の尖っているところを削り、丸みを出します。

32

三角すいに切り取ってギザギザにする

フチの部分を三角錐で切り取り、ギザギザの模様を付けます。端から付けると左右対称になりにくいので、真ん中から切り進めるとよいでしょう。カーブの端の部分を活かして仕上げます。8カ所とも同じようにします。

▶クインシーメロン・フラワーボール

カーブの下の部分、フチのメロンの一番膨らんだ部分に合わせ、真横から切り込みを入れます。

切り込みの上に、刃を下向きにして刃を入れ、カーブ状に切り込みます。刃先は先に入れた切り込みの刃先に合わせ、切り取ります。

8カ所穴を開け、同じような大きさになるように整えます。最初はやや小さめに穴を開けておき、後で整えた方が揃えやすいです。

WATERMELON ROSE
ウォーターメロン・ローズ

買って来たら、室温に置いて皮を乾燥させてからカッティングするとヒビ割れしにくいです。買ってきたすぐのものは、割れやすいことがあります。なお、紅小玉は皮が薄くてカッティングには不向き。

使用するナイフ

コンパスカッター、グローバルの刃渡り11cmのペティナイフ（GP-11）、カービングナイフを使用。

1

コンパスカッターで、枝付きを中心にして円のスジを付けます。真上から見て、円の直径と、その両側が同じ長さ（図の Ⓐ、Ⓑ、Ⓒが同じ長さ）になるようにします。

上から見て
Ⓐ：Ⓑ：Ⓒ＝1：1：1になるように円を描く。

2

コンパスカッターでスジを付けたところにカービングナイフの刃先を4cmほどまっすぐ刺します。小指をコンパスの針にする感じで、時計の9時の部分に刺して、6時の方向に刃を上下させながら、スイカを回しながらナイフを進めます。スイカを回しますので、ナイフは9時の位置のままです。

3

その円の1cm外側に、切り込みを入れます。最初に切った円のときの刃先の位置に向けて斜めにカービンクナイフを刺します。3時の位置から6時の位置に向かい、ナイフを上下させながらスイカを回しながら切り進み、輪を切り取ります。スイカを回すので、ナイフは3時の位置のままです。

4

ベティナイフで枝付きのまわりの皮を削ります。鉛筆を削る要領で皮を削り、下の白い部分だけにします。

5

白い部分の角を少しずつ削って、丸くします。

6

花びらを作ります。ナイフの刃を白い丸の部分の端に垂直に入れ（下の図①）、その切り口の内側から、垂直に入れた刃先に向けて角度を大きく変えて、斜めに刃先を入れて切り取り（下の図②）、花びらになる部分を残すと、浮き上がります。

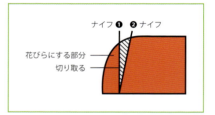

7

先ほど切り取ってガタガタになった丸を、カドがないよう整えてから次の花びらを作ります。6の花びらに重なるよう、花びらの内側から切り込みを垂直に入れ、角度を大きく変えて斜めに刃先を入れて切り取り、花びらになる部分が浮き上がらせます。花びらの端が重なる部分が薄くなるように切り整えると、より花びららしくなります。

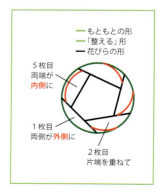

ウォーターメロン・ローズ

1周したら、中央の白い部分を丸く整えます。白い部分がなくなる直前まで削ります。

この内側に1周3枚の花びらを作ります。中央は尖らせて削り、つぼみのように見せます。

皮の厚み部分を削り、角度をゆるやかにします。白い部分の幅が広がります。

内側に同様に花びらを作っていきます。1周5枚の花びらを作ります。内側の花びらは、寝ている(閉じている)形になります。内側の花びらは、丸みをおびた形にして、1周します。

075

皮の白い部分を花びらの輪郭に残すように切り込みを入れます。角度を変えて下側（裏側）を切り取り、花びらを浮き彫りにします。

花びらの端が重なる位置に次の花びらの端がくるように切り込みを入れ、1周します。

ウォーターメロン・ローズ

14

花びらの下の皮の部分を削ってゆるやかに整えます。

15

3周目は、あえて花びらの形を同じにしないで作っていきます。このほうが花に表情が出るのと、他の部分と形を変えることで、イキイキとした表情を出せます。

16

皮の部分を平らに整えます。

17

皮の部分にギザギザの模様を付けます。三角錐で切り取りながら1周します。

三角すいに切り取ってギザギザにする

WATERMELON TRIANGLE PATTERNS
ウォーターメロン・トライアングル・パターン

スイカの場合、スイカだけで絵になるように考えてカッティングすることが多いのですが、今回は盛り合わせに使うことを考えた、切り分けやすく食べやすいバージョンのカッティングです。真ん中から上のみにカッティングしているので、半分にカットして食べてもらうのもよいでしょう。

使用するナイフ

カービングナイフを使用。

1

真ん中の一番太いところに、テープなどを巻いて目印にします。

2

テープの上部分から枝付きに向かって、カービングナイフの柄の先で線を引きます。四等分の線を引いた後、さらにその半分のところに線を引き、合わせて八等分の線を引きます。これは、スイカの縞模様に惑わされないための目印になります。

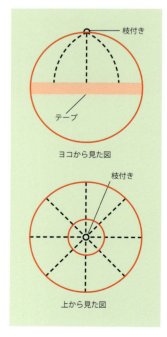

ウォーターメロン・トライアングル・パターン

3

葉っぱのモチーフを作ります。目印の線とテープの交わる点から、皮に対して刃をまっすぐ入れて、実の部分に届く位にやや深めにしっかりと、少しカーブがかった線を引きます。隣り合った点から、同じように線を引き、合流させます。

4

先に引いた線の刃先の位置に合わせ、角度を変えて斜めに刃を入れて線を引き、V字状に抜きます。隣の線も同じようにします。8か所とも同じ用にします。

5

線から少し実の赤色がのぞく位がきれいに見えます。少しS字状に曲げた方が、やさしい印象になります。

6

葉脈を作ります。中心からやや右寄りに、まっすぐ刃を入れ、切り込みを入れます。

刃を斜めに倒し、先に入れた切り込みの刃先の位置に合わせ、カーブさせながら線を引き、切り取ります。

左右対称の位置に、同じように溝を彫ります。線を左右同じに引く際、扱いやすいようにスイカの上下を入れ替えるとよいでしょう。8カ所とも同じように作っていきます。

先に入れた縦の線に沿って、細かな葉脈を作ります。両方向から刃を斜めに入れ、中央で合流させ、三角錐状に切り抜きます。葉脈の根本部分になるところが太く、先端部分は浅くなります。切りカスの三角錐は、下の方が大きく、上の方が小さくなります。上の三角錐を作る時、その前の三角錐の角を落として作ると、ていねいな感じに仕上がります。

ウォーターメロン・トライアングル・パターン

葉のフチのところを三角錐状に抜き、ギザギザにします。刃を入れる時には角を落とし、切り進める際には親指と人差し指で軸を少しひねって少し曲げ、丸みを付けるようにすると、やわらかい表情が出ます。8か所とも同じようにします。

花びらを作ります。葉の間と間の部分の皮を、葉の半ば位の高さまで削ります。8か所とも同じ高さにしたいので、刃の長さで計って均一に揃えましょう。

フチの角張った部分を削り、丸みを出します。

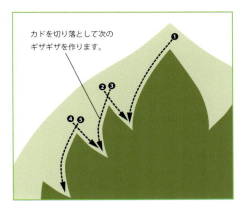

カドを切り落として次のギザギザを作ります。

皮のところに少しはみ出る位置まで、刃をたてながらそぐようにして、親指と人差し指で少しひねってカーブをつけながら切ります。反対側からも同じように切り込みを入れ、皮の部分が少し入るようなところで合流させます。

刃先が先に入れた切り込みの刃先に届くように、後ろから角度を変えて刃を入れ、切り取って花びらを浮き上がらせます。同じように8ヵ所に花びらを作っていきます。

2周目の花びらを作ります。葉の頂点の少し下位まで皮を削ります。

1周目の花びらの線の延長線上に、2枚目の花びらを作っていきます。頂点部分に皮が残るようにします。

ウォーターメロン・トライアングル・パターン

17

隣にも同じように、1周目の花びらの延長線上に、花びらを作ります。2つ分を一緒に、後ろを切り取り浮き上がらせます。

18

同じように8カ所、合計24枚の花びらを作ります。

19

表面を整え、3周目を作ります。

20

だんだん土台に角度がついてきて、刃を寝かせ気味に切る必要が出てきます。左手でスイカを動かして斜めに傾けると、切りやすくなります。

左手でスイカの角度を変えながら切り進めます。だんだん上に行くに従い、角度がなくなってきます。花びらは浅く、小さくなっていきます。徐々に実の部分を削って色を出すと、グラデーションできれいに見えます。

ある程度まとめで切り進み、まとめて修正を入れると、早くきれいに仕上がります。三角の先端部分などを削って赤い実を出すと、きれいに見えます。

枝付き部分まで花びらを作っていきます。何周作るかはスイカの大きさによりますが、花びらを大きくすればするほど早く仕上がります。しかし出来上がりが単調になりがちなので、ほどほどの大きさにしたほうがよいでしょう。今回は合計１３周ほどです。

枝付きをそぎ落とし、中心部分まで模様を入れていきます。浅く刃を入れますが、果肉の部分は切れにくいので、先端までしっかり切り込みをいれます。

ウォーターメロン・トライアングル・パターン

中心部分は、花びらの枚数ではなく雰囲気で合わせます。

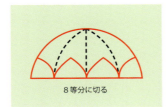

8等分に切る

P023の盛り付け例のように、マスキングテープを巻いた部分でスイカを半分に切り、カッティングした面を上にして8等分に切って盛り付けると、取り分けやすいです。

085

WATERMELON WAVE
ウォーターメロン・ウェーブ

スイカの表面に波の紋様を彫ります。皮の緑色、皮の内側の白い部分、果肉の赤い色を生かして、波形の動きを表現します。

使用するナイフ

コンパスカッター、カービングナイフを使用。

1

枝付きを中心と定めます。コンパスカッターの軸を枝付きに立てて、丸くスジを付けます。上から見て、その円の直径が、両端の空きより少し小さめになるようにコンパスカッターの開きを決めます。

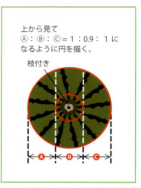

上から見て
Ⓐ：Ⓑ：Ⓒ＝1：0.9：1に
なるように円を描く。
枝付き

2

カービングナイフに持ち替え、コンパスカッターでスジを付けたところに刃を立てて入れます。皮より深く、刃先を4cmほど入れ、刃を上下させながら進ませます。

3

P 074の「ウォーターメロン・ローズ」の③のように、最初に切った円のときの刃先の位置に向けて斜めにカービングナイフを刺します。時計の3時の位置から6時の位置へ切り進みます。刃先は円の中心に向けたままで。スイカのほうを回して切り進めますから、ナイフは3時の位置のままです。

4

さらに、3の切り込みを入れた円の外側7mmのところに刃先を枝付きの下の向けて刃先を入れ、円の形に切り取ります。

5

枝付きの周りの円柱の角を落とし、丸く形を整えます。

6

枝付きの周りの側面に、縦にV字で切り込みを入れます。16等分の間隔で同じようにV字に切り込みを入れます。スイカをかたむけ、のぞきこんで切り込みを入れるとまっすぐに切れます。

7

V字の切り込みの間に三角を浮き上がらせるように、V字に切り込みを入れます。

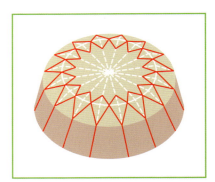

8

16等分したV字の切り込みの間に、7と同様に三角を浮き上がらせたら、刃を寝かせて、枝付きの周りの皮を削り、丸く整えます。

9

1周目の三角の間に、三角を浮き上がらせていきます。三角の先端に緑色の表皮を少し残してアクセントにします。

ウォーターメロン・ウェーブ

10

すべての間に三角を浮き上がらせたら、8のように枝付きの周りを刃を寝かせて削り、丸く整えます。スイカをかたむけながら動かします。

11

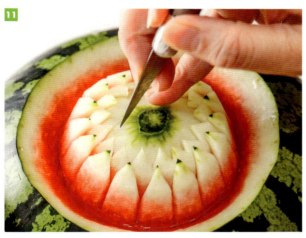

また、三角と三角の間に三角を浮き上がらせます。

12

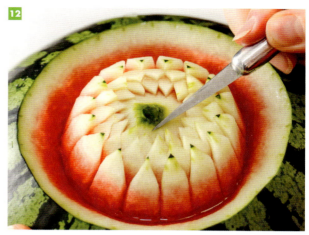

丸く整えて、また、三角と三角の間に三角を浮き上がらせます。三角の形は、枝付き近づくにつれ、小さくなっていきます。

13

1周したら、また、刃を寝かせて枝付きの周りを削って低くし、整えます。

14

中心近くなるまで繰り返します。スイカの大きさによって何周すると終わるかが変わります。もちろん、作っている花びらの大きさでも変わってきます。

15

1周したら中央を削って低くします。中心のところはV字の数は気にせずに切り込みを入れて雰囲気を合わせて整えます。

16

外側の皮のところにV字で切り込みを入れます。刃先はスイカの枝付きの真下の線上に向けるように意識してV字の切り込みを揃えます。

放射状に16等分されていると思います。

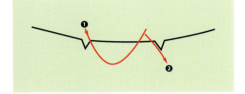

①は、刃先を出したままナイフの柄を指で回転させるとカーブが描けます。②は、角を丸く切り落とすつもりで。①と②をゆるやかにつなぎ、曲線を作ります③。

同様の曲線のカットをV字の間に16個作ります。

刃先を下向きにして、表面の曲線に合わせ、ナイフの柄を指で回転させてカーブを描きながら裏面を作ります。

刃を寝かせて切り込みを入れます。皮の部分を少し残し、果肉が少し見えるくらいまで刃を入れて、波の形を浮き上がらせます。

波形と波形の間の中間に、V字で切り込みを入れていきます。

波形と波形の間を、平らに整えます。

波形と波形の間を深く削り、波の動きが大きく見えるように微調整します。

V字とV字の間に図のように曲線で切り込みを入れます。

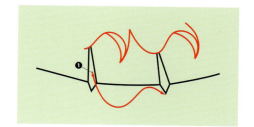

ウォーターメロン・ウェーブ

24

下の図①は刃先を下に向けて切ります。②は、刃先を寝かせて、やや上向きにすると①に合わせやすくなります。

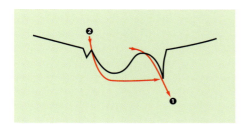

25

同様に切り込みを入れて1周します。

▶ウォーターメロン・ウェーブ

波形と波形の間を20のように整え、また、22のように波形の間にV字の切り込みを入れ、そのV字とV字の切り込みの間に23のような曲線の切り込みを入れます。

スイカの最大直径の部分まで波形を作ったら、波形と波形の間を平らに整えます。波形の下の部分にV字で三角錐で切り込みを入れて、浮き上がらせます。スイカの中心に刃先が向かっているよう意識して切り取ります。切り取ったものは三角錐の形になっています。

27のV字のとなりに同じ大きさでV字の三角錐の切り込みを入れ、つなげて完成です。

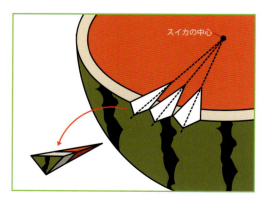

WATERMELON PLACARD
ウォーターメロン・プラカード

スイカは皮の表面の濃い緑色と、そのすぐ内側の白い部分のコントラストを生かして表面に文字を浮き立たせたり、名前や言葉を浮き立たせる飾りにすることもできます。名前を浮き立たせ、その周りにP 073で紹介しているような花を彫ると、パーティのディスプレイで喜ばれます。

使用するナイフ

カービングナイフを使用。

1

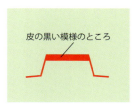

皮の黒い模様のところ

スイカの皮の上に、ペン先のような硬いもので下書きをします。その部分を残すようにして、周りの緑の皮を削ります。この例では、最初に来るFとAの文字の周りだけ深く削り、白い皮の下の赤い果肉も見えるように削りました。赤い果肉が見える部分を一部作ると、皮の厚みが確認できます。

2

白い皮の部分の余白がある部分に、カービングナイフの刃を立てて刺して、丸く切り込みを入れます。下の赤い果肉が見えるくらいの深さで刺します。その外側から斜めにナイフの刃を刺して、丸く切り取ります。

3

中にできた円柱の角を削って丸くします。ここにバラの花びらができるように削っていきます。

4

削り方はP38のバラの作り方と同じです。ただし、白い皮の部分が多くなり過ぎないように注意します。

5

バラの中央の部分は削って尖らせて、つぼみのように見立てます。

6

すぐ横からバラが出ているように作っていきます。

ウォーターメロン・プラカード

7

外側のバラを作ったすぐ横に接するようにに、バラを作っていきます。

8

1行目と2行目の文字の間の白い部分にも、すき間なく作ります。できたら、その隣にも作ります。これを繰り返し、文字がバラのブーケの上に浮いているように広げていきます。

▶ ウォーターメロン・プラカード

アレンジバージョン

P095ページの『プラカード』のアレンジです。

ディスプレイ例。バラのブーケの上にメッセージプレートが置かれているように見えます。長めのメッセージを彫ることもできます。

制作／石井麻美

浮き彫りにした文字の周りを線で囲ったカービングです。囲んだ周りににバラを彫りました。文字がくっきりとより見やすいので、メッセージが伝わりやすいカービングです。P21の「ウォーターメロン・ハート・フラワー」も同様に、ハートの皮の線を浮き彫りにしてから、その中にバラのブーケを作っていきます。

WATERMELON PORTRAIT
ウォーターメロン ポートレート

使用するナイフ

カービングナイフを使用。

1

皮の黒い模様のところ

スイカの側面に彫ります。カービングナイフの柄の先など、硬いペン先のようなもので下絵を描いておきます。今回は、アヒルの目の部分が、スイカの黒い縞にあたるようにしました。目の部分から彫り始めます。カービングナイフで、最初はごく浅く刃を入れ、黒目部分を残し、白目部分を抜きます。

2

白目の周りを線で残し、顔の地の部分を抜きます。

3

顔の下半分の輪郭部分になる部分より、一回り内側を浅く切ります。顔の輪郭部分を浅く切り、間の皮を抜きます。

4

慎重に、最初は浅めに「顔」全体を彫ります。少しずつ深く彫ります。

5

くちばし部分を白く抜き、頭の上半分の輪郭を整え、白く抜きます。顔の輪郭が一旦完成します。

ウォーターメロン ポートレート

6

首の部分の線をV字で抜きます。

8

頭の上の方の輪郭の淵部分を、深いV字で抜き、調えます。

7

首の幅の中央部分が盛り上がっているような形で、端部分だけ深く、丸みをおびているようにカッティングします。その中央の部分は、皮の表面だけをごく薄く削ります。全体を深く削らないことで、しっかり絵柄がくっついていて壊れにくくなります。

9

V字に抜いた外側の角を削ります。深く掘った部分と、ゆるやかな部分を作ることで、全体を深く掘っているように見えます。

10

頭の細部を整えます。

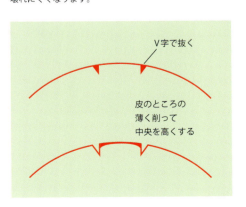

V字で抜く

皮のところの薄く削って中央を高くする

11

首の付け根の羽根部分を作ります。花びらをカッティングする要領です。表皮部分を少し残し、アクセントにします。

12

左手でスイカを動かしながら、自分のやりやすい角度に調整。右手の位置はあまり変えず、スイカを動かすようにすると、楽に彫り進むことができます。

13

ほぼ同心円状に、花びらを2周させます。

14

顔を目立たせるために、輪郭の周りにさらに削り、浮き上がらせます。

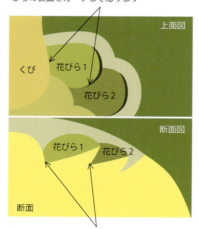

ナイフの刃先は「中央一点」に向けたまま、花びらの表面をカーブして彫ります

上面図 / くび / 花びら1 / 花びら2

断面図 / 花びら1 / 花びら2 / 断面

「中央一点」が一番深く彫られています。花びらの表面をカーブして彫りますから花びらのフチは、高くなります

ウォーターメロン ポートレート ◀

15 首まわりあたりを刃先で深く切り、赤い果肉部分を少しずつ出します。

16 輪郭より少し外側から、斜めに刃を入れて淵を広げます。

17 尾羽の部分をV字で抜きます。

身体の線をV字で抜き、羽根部分のギザギザ部分を三角錐上に抜いて表現します。

18

19 残り半身の部分も同じようにしたあと、輪郭部分に刃先で果肉まで届く線を入れ、スイカの果肉の赤い色を出します。

輪郭の淵を削っていき、白い部分を広げます。

20

21 尾羽の先部分も、深く刃先を入れて抜き、浮き立たせながら、赤い果肉部分を出します。

103

▶ ウォーターメロン ポートレート

脚部分の輪郭をV字に抜き、間の部分の表皮を削ります。2本目も同じようにします。

脚の間部分を、スイカの赤い果肉が見える深さまで抜きます。

イラストの外周部分に、2方向から斜めに刃を入れ、三角錐で抜きます。

遠くから見た時に見栄えがするように、大き目の柄で抜くとよいでしょう。ぐるりと一周させて完成。

PINEAPPLE BUTTERFLY
パイナップル・バタフライ

パイナップルの皮を器に利用し、芯の部分をカットした形を生かしながら蝶の形に仕上げます。切り取った部分はジュースに利用しましょう。

使用するナイフ

グローバルの刃渡り27cmの牛刀（GP-13）、刃渡り16cmのペティナイフ（GS-4）を使用。

1

刃渡り27cmのナイフで茎のほうから端を切り落とします。葉の側は固いので、しっかりとパイナップルを押さえて切り落とします。

2

半分に切り、芯の白い部分をV字に切り込みを入れて取り除きます。

3

切り込みを入れて、蝶の触角に見立てた部分を切り取ります。この切り込みを芯の左右に作ります。

4

パイナップルを立てて、ナイフの刃をまな板に平行になるようにして皮と果肉の間に刃を入れます。ナイフの刃を前後に動かしながら、刃はまな板に平行のまま、パイナップルをころがして皮をはずします。

5

切り取った果肉をひっくり返し、中央の部分にV字に切り込みを入れて、切り取ります。

パイナップル・バタフライ

V字の刈り込みの右側に２つ、波型の切り込みを入れます。

果肉を反転させ、もう片側にも２つの波型の切り込みを入れ、蝶の羽根の下の部分を完成させます。

1cm幅ほどの食べやすい厚みに切り、④ではずした皮の上に盛り付けます。カットしたパイナップルを少しずらして盛り付けると、蝶の表情に動きが出ます。肉料理の付け合わせにも向いています。

PINEAPPLE TREE
パイナップル・ツリー

葉を丸めて上の隙間に差し込みます。そのまま留まります。

ナイフの刃の元のほうを、ペンを持つように指で挟んで持ちます。らせん状に並んでいる芽のラインに沿って、刃先を斜めにし、切り込みを入れていきます。

使用するナイフ

グローバルの刃渡り9cmのペティナイフ（GS38）を使用。

芽をはさんで反対側から、2と同じように刃先を斜めにして切り込みを入れ、V字にカットし、表皮部分を取り除きます。

V字にカットした間に少し表皮を残すと模様の雰囲気が良くなります。3と同じように下までV字に切り込みを入れ、表皮をむいていきます。

PEAR COMPOTE CUT
ペア コンポート カット

コンポートにしたときに付加価値を高めるカッティングです。タネをくり抜いたところに、コンポートにしてから中にカスタードクリームを詰めていいでしょう。洋梨は枝が黒くなって、枝の根元のとこに少しシワが寄る頃が食べごろです。なお、「ラフランス」は、和製語です。

使用するナイフ

カービングナイフ、グローバルの刃渡り11cmのペティナイフ（GP-11）を使用。

1

花付きのところから、くり抜き器で丸くくり抜いていきます。少しずつくり抜き進み、タネを取り除きます。

2

ペティナイフをペンを持つように、刃先のほうを親指と人差し指でしっかり挟んで持ちます。中指をストッパーにして、刃先を5mmだけ刺して、枝付きのほうにV字の切り込みを一周入れます。

3

ペティナイフを持ち替えて、花付きのほうから枝付きのほうに向けて皮をむきます。切り込みを入れたところに達したら、刃先を回すように切れ込みへ添わせて皮をむきます。

4

同様に、下から上に皮をむき、枝付きのほうに皮の飾りを残します。

PERSIMMON FLOWER
パーシモン・フラワー

タネなしの柿（persimmon）を使って「花びら」にします。
サラダの中央に飾ったり、パフェに飾ってもいいです。

使用するナイフ

グローバルの刃渡り9cmの皮むきナイフ（GS-38）と、刃渡り13cmのペティナイフ（GP-23）を使用。

1 ヘタをしたにして縦半分に切り、ヘタを切り取り、皮をむきます。柿の形に添って、ナイフを止めないで切ると段々ができずに切れます。

2 ペティナイフで、薄く切ります。端の方は柿を平らに置いて切ります。ペティナイフを押して切るのではなく、刃を当てたら引きながら切ること。

3 小さいスライスを芯にして、ずらして重ねながら巻いていきます。

4 上から見て、花びらがきれいになるよう、確認しながら巻きます。

5 台（今回は柿を半分にカットし、くり抜いたものを台にした）の上に置いたら、外側のスライスを外に向けてふっくら広げると、花びらの表情がよく出ます。

APPLE BUTTRFLY
アップル・バタフライ

使用するナイフ

グローバルの刃渡り11cmのベティナイフ（GP-11）、カービングナイフを使用。

1

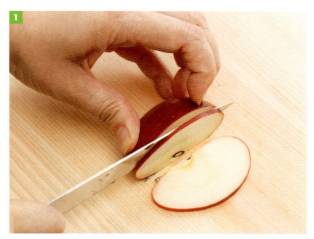

リンゴを半部に切り、さらに半分に切ってから2mm厚程度に2枚切ります。

2

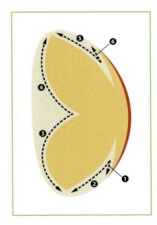

リンゴの薄切りを、皮を右側にしてまな板の上に置き、左の図の①から⑥の順に切っていきます。①〜③はリンゴを動かして切りやすいように。置き直したら④〜⑥を切ります。カービングナイフは、中央から外側へ切っています。外側から中央へ切ると、切り終わりがあいまいになります。

▶ アップル・バタフライ

1枚カッティングしたら、もう一枚も同様にカッティングします。

皮の部分を合わせると、蝶の形になります。左右の形は同じのほうがいいです。P113の図で示したように、蝶の上の羽と下の羽を同じ形にしましたが、リンゴの芯の部分はリンゴによって形・大きさが違うので、芯の大きさによっては、蝶の上の羽と下の羽を同じ形にしなくてもいいです。

APPLE CARNATION
アップル・カーネーション

これは、サンフジを使用。食べると"シャクシャク"するタイプのリンゴが向きます。

使用するナイフ

カービングナイフを使用。

1

花びらを作ります。刃先をリンゴの中心部分に向け、角度をつけてカービングナイフの刃を入れます。親指と人差し指でナイフをひねり、雫(しずく)状に薄く表面を削ります。切り口が花びらの表面になります。

2

中央から刃を立てて切り始めます。

3

花びらのフチのギザギザを作ります。表面のギリギリのところに刃を立て刃先を浅く入れ、角度を変えて刃を出したら、親指と人差し指で軸をひねり、入れながら進み、刃の角度を変えて出しながら進み、出たら、軸を回し入れます。ナイフの刃を入れたときにひねると果肉が割れてしまいますので、刃先を入れて出したときにひねる、の繰り返しで、ギザギザに仕上げていきます。

4

だんだん刃を寝かせます。

5

花びらの裏の部分を切り取り、花びらを浮き上がらせます。花びらの半ば位のフチギリギリのところから刃を入れ、花びらのひと回り外側から切れ目を入れていき、花びらの裏部分を切り取り、花びらを浮き彫りにします。

アップル・カーネーション

1周目と同じく、花びらの2周目を作っていきます。表面となる部分を作るため、刃先を確認しながら、波打たせつつ浅く刃を入れ、皮ごと切り抜き落とします。ここで表面部分を波打たせることで、花びらに動きが出ます。

1枚目と同じようにして、花びらを6枚作ります。花びらの表面を作る際、中心の皮部分を少し残して切ると、赤い色が残りアクセントになります。基本的に左手でリンゴを持ち、少しずつ回しながら切り進めていきます。右手は動かず、左手でリンゴをちょうどよい位置に回しながら進めていきます。

花びらのフチのギザギザを作ります。刃を立て刃先を浅く入れます。

▶ アップル・カーネーション

9

角度を変えて刃を出し、親指と人差し指で軸をひねり、入れながら先に進みます。

10

花びらのひと回り外側から切り目を入れていき、花びらの裏部分を切り取り、花びらを浮き彫りにします。これを1周分繰り返します。

11

3周目、4周目を同じように作ります。刃の角度は、最初は刃を立て、だんだん刃を寝かし気味にし、また最後は刃を立てます。こうすると土台としっかりつながって壊れにくくなり、花びらは薄くきれいに仕上がります。

下にいくに従い、リンゴの円周が広くなるため、だんだん花びらの幅が大きくなっていきます。1周目と2周目のすき間は同じ位ですが、2周目と3周目の間のすき間は大きめにとって、やや深めにえぐります。そうすることで、花びらがふわっとした感じに仕上がります。

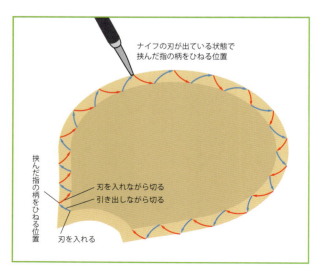

APPLE CANDLE STAND
アップル キャンドル スタンド

これは、サンフジを使用。食べると"シャクシャク"するタイプの固いものが向いています。

使用するナイフ

カービングナイフを使用。

2

カービングナイフで、時計の9時から6時の方向へ向けて反時計回りに刃を入れ、1周させます。刃を入れる深さは、キャンドルの高さより少し深い位を目安にします。

1

枝付きの上にキャンドルを置き、底に沿ってカービングナイフの柄の先でラインを引きます。

3

ひと回り内側から、先に入れた切り込みの先に届くように横方向に刃を入れ、1周させます。切り離した部分を抜きます。

4

芯の部分を枝ごとくり抜きます。刃先を中心に向けて、斜めに刃を入れ、時計回りに1周させます。枝付きごと、三角錐状に抜きます。

5

色が赤く、張っているところを選び、リンゴの正面を決めます。

6

花の中心部分を決めるため、カービングナイフの柄の先で円を描きます。円の位置は、真横から見て1対1対1の比率。テーブルに置いて座って見ることを考慮し、真ん中より少し上の位置に描きます。

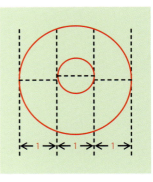

7

先に描いた円の印が真上になるようにリンゴの位置を左手で固定し、線に沿ってカービングナイフで切り込みを入れていきます。刃先はリンゴの面に対しまっすぐ下を向きます。

8

その円の少し外側に、切り込みを1周入れます。最初に切った円の時の刃先の位置に向けて、斜めにカービングナイフを刺し込み、1周させます。輪の部分を取り除きます。

9

角の部分を斜めに削ります。少しずつ斜めに削り、半球状にしていきます。

10

5枚の花びらを作ります。側面の白い部分の端にカービングナイフの刃を垂直に入れ（右の図①）、その切り口の内側から、垂直に入れた刃先に向けて角度を大きく変えて、斜めに刃先を入れて切り取ります（右の図②）。花びらになる部分を残し、浮き上がらせます。

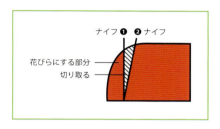

11

先ほど切り取ってガタガタになった丸の部分を、角がないように削って整えます。

12

1枚目の花びらに重なるよう、花びらの内側から切り込みを垂直に入れ、角度を大きく変えて斜めに刃先を入れて切り取り、花びらになる部分を浮き上がらせます。これを繰り返し、5枚の花びらを作ります。

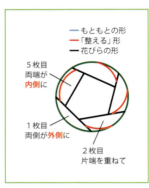

― もともとの形
― 「整える」形
― 花びらの形

5枚目 両端が**内側**に
1枚目 両側が**外側**に
2枚目 片端を重ねて

13

中を低くするので、残った赤い皮も取れます。作った花びらとの間が大きいと、花びらが浮き上がります。

14

内側に同様に花びらを作っていきます。内側の花びらは、寝ている（閉じている）形になります。深く彫っていくと取れてしまう危険性があるので、刃先を使い、浅くてもしっかり切り取ります。錯覚で深く彫っているように見せています。

15

2周したら、中央の部分を尖らせて低くして整えます。つぼみあるイメージです。

16

花びらの外周部分に刃先をあてて削り、空間を広げます。

17

外側の花びらを作っていきます。溝にU字で切り込みを入れ、抜きます。ここが花びらの表面になります。

18

U字に抜いた右端より、溝の深さの半ば位に刃を立てて、やや深く刃を入れます。刃を寝かせながら徐々に刃を浅くしていき、皮のところまで刃を入れます。

19

U字に抜いた部分の左端より、右側と同じく刃を入れ、皮のところで合流させます。

20

刃の角度を変えて花びらの裏面に刃先をあてるように切り取ると、花びらが浮き上がります。

21

2枚目以降は、先に作った花びらの下の方から切り始め、花びらを重ねていきます。最後の1枚は、両方とも端が花びらの下から始まります。

22

左手でリンゴを傾けながら、花の中心を意識して刃を入れていきます。皮の赤い部分が、花の中心から放射線状になるように気を付けて仕上げていきましょう。重なり具合で変わってくるので、花びらの枚数は決めずに、バランスよく1周させます。

23

外側の2周目を作っていきます。芯に近い、スペースの狭い場所から作り始めたほうが、花びらのサイズを調整しやすくなります。花びらのサイズは1周同じ大きさにします。

24

葉っぱを作ります。花を中心にして正面から見た時、見えるところまで彫ります。それを考慮して葉っぱの長さを決めます。中心線を決め、やや深めに刃を入れます。

25

左右から中心線に刃先を向け、中央線の先端へ向けて刃を進めます。最初はなでるようにして切り進め、親指と人差し指でひねってカーブを描きながら、深くなりスッと中央線で合流します。切り取ります。

26

葉の根本部分から刃を入れ、進みながら刃を出し、出したら指先でナイフの柄をひねって入れて、を繰り返してフチをギザギザに仕上げます。

27

角度を変えて刃を入れ、下側（裏側）を切り取り、葉っぱを浮き出させます。バランスを見て、反対側にももう1枚葉っぱを作ります。真正面から見える範囲が葉っぱで埋まるようにいくつか同様に彫ります。

28

正面から見える部分のぎりぎりまで葉を作ったら、葉の下部分を整えます。

▶ アップル キャンドル スタンド

際のところにギザギザの模様を付けます。キャンドル用の穴の際まで、三角錐で抜いていきます。

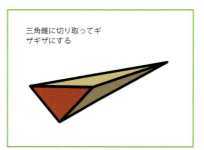

三角錐に切り取ってギザギザにする

NAVEL ORANGE CANDLE STAND
ネーブルオレンジ・キャンドル・スタンド

柑橘系の果物と香辛料を組み合わせて作る、欧州の飾り「ポマンダー」の一種。見た目と香りを楽しみます。

使用するナイフ

シトラスピーラーと、グローバルの刃渡り11cmのペティナイフ（GP-11）を使用。

1

シトラスピーラーで、6等分になるように、線状に皮をむきます。皮が固い枝付きから、皮のやわらかい花落ちへ向けて引くとむきやすくなります。

2

横方向にも、3本ほど線状に皮をむきます。

▶ ネーブルオレンジ・キャンドル・スタンド

枝付きの部分に、ミニろうそくを置く穴を開けます。包丁の刃先で、ろうそくの底の大きさに合わせて皮に切れ目を入れます。

包丁で果肉の部分と切り離しつつ、皮を抜きます。

ろうそくが隠れる程度の深さで、円錐状に切り込みを入れ、果肉を抜きます。抜いたら、ろうそくを置きます。

皮をむいた線の交差する部分に、クローブを差し込みます。

PAPAYA FLOWER
パパイア・フラワー

かわいくカットしたパパイアの花は、サラダのトッピングやパフェやデザートの飾りに役立ちます。輸入パパイアは通年出まわります。国産ものは初夏から夏が旬です。

グローバルの刃渡り11cmのベティナイフ（GP-11）、カービングナイフを使用。

1

枝付きを下にしてパパイアを持ち、上から下に向かって皮をむきます。ナイフを途中で止めると段ができてしまうので、一気に下に向かってナイフをすべらせて皮をむきます。

2

花びらの形を揃える目安として、カービングナイフの柄の先で、時計でいう12時、3時、6時、9時のところと中心に点を軽く付けます。これを3つ作ります。

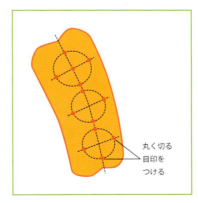

丸く切る目印をつける

3

印を付けた中心から外側の12時の場所の点の間を、涙型にくり抜きます。刃先を花びらの中心に向けて左手首でパパイヤも動かしてくり抜きます。同じ向きに切ると切りやすいので、次は下の花の同じ場所の花びらをくり抜きます。

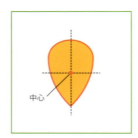

4

同様に、くり抜いた花びらの右側の花びらを上から順にくり抜きます。

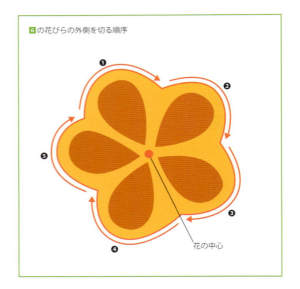

6の花びらの外側を切る順序

5

片側の花びらをくり抜いたら、パパイアを持ち替えて、枝付きのほうを上にして、同様に花びらを上からくり抜いていきます。

パパイヤ・フラワー ◀

6

花の外側にナイフを入れて行きます。花をくり抜くためなので、刃先は花の中心に向けて動かし、パパイアを持つ手の手首を回転させ、パパイアも動かして花びら1枚ずつ切り進みます。

7

一度に切り取ろうとするのではなく、何度かナイフを入れてくり抜きます。

パパイアの花びらは、冷凍保存できます。冷蔵庫内では果肉が溶けてしまうので冷蔵保存には向きません。冷凍したままパフェにトッピングしてもいいでしょう。

PAPAYA BOAT
パパイヤ・ボート

パパイヤの種を除くと空洞ができることを利用して、フルーツを盛り付けたり、サラダを盛り付ける器にするカッティングです。切り取った部分は葉の形にカッティングしました。

使用するナイフ

刃渡り11cmのペティナイフ（グローバルGP-11）、くり抜き器、カービングナイフを使用。

1

ペティナイフの刃の先のほうをペンを持つように指で挟んで持ちます。刃先を斜めに差し入れて、タネのある部分に届くくらいまで刺します。刃先を上下させながら楕円に切り取ります。

パパイヤ・ボート

2

周りを三角錐に切り取っていきます。このとき、ナイフを使うところを一定にします。そのナイフの刃の幅だけパパイヤに刺して三角錐に切り取ります。ナイフの使う部分を一定にすることで、同じ大きさの三角錐で切り取っていくことができます。

3

くり抜き器を使ってタネをかき出します。

▶パパイヤ・ボート

①で切り取った部分を半分に切ります。

内側に3か所、葉脈に見立てたくり抜きを作ります。

下の図の④と⑤の切り込みを入れてでき上がり。もう一つも同様にカッティングします。

右の図の①と②のように切り、葉の形に見せます。

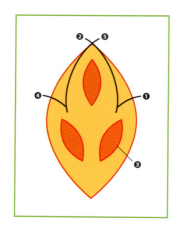

▶パパイヤ・ボート

PAPAYA FLOWER TREE
パパイヤ・フラワーツリー

パパイヤは、色が変わりにくく、繊維もあまりないので、丸ごと使いやすい果物です。タイやフィリピンでは青い実完熟のものを炒めたり漬物にしたりします。色づき、腹側がやわらかくなってきたら食べ頃です。

使用するナイフ

カービングナイフを使用。

1

枝付きを中心に、葉っぱを6枚作ります。カービングナイフで、目印（葉と葉の中間の目安）の浅い線を、等間隔で6ケ所に付けます。その線の両側から刃先を入れ、V字で葉の外側を抜きます。6カ所同じようにしていきます。パパイヤの大きさにより、葉の枚数を決めます。今回は大き目なので6枚。小さい場合4枚にすることもあります。

2

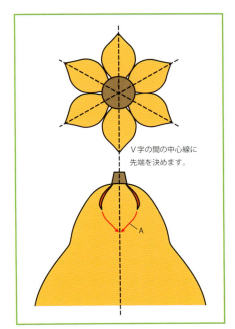

1で抜いたV字の先端部分（左図のⒶ）から、葉の輪郭になる線をのばしていきます。V字の間の中心線に先端を決めます。パパイヤの表面に対し直角に刃を入れ、右から、左からそれぞれ切り込みをのばしていき、先端で合流させます。

135

角度を変えて斜めに刃先を入れて切り取り、葉の形を浮き上がらせます。右側、左側とも同じようにします。

葉脈をV字で作ります。横の線を作る時には、最初はやや刃を立て気味に入れ、次はより刃を寝かせて、少し回す感じにしながら三角に切り取ります。葉脈の長さは、葉先はやや短く。6枚分同じように、バランスを揃えて葉脈を作っていきます。

葉っぱの下につぼみを作ります。パパイヤを寝かせ、左手で調整していくとやりやすいです。葉の先端部分から、パパイヤの表面に対し、90度にまっすぐ刃を入れ、つぼみの輪郭を作ります。左右から同じように刃を入れ、先端部分で合流させます。つぼみはある程度長い方が、表面積が大きくなり細工しやすくなります。

つぼみの輪郭を浮き彫りにします。つぼみの内側から外側へ斜めに刃を向けて、V字で1周切り取ります。

7

つぼみの内側に残った表面部分を削っていき、アーモンド型に丸く整えていきます。全体は浅く削りますが、葉の下部分は深くしておくと、浮き出て見えます。

8

表皮を取りきらず、表面に花びらを作っていきます。カービングナイフの刃を立て気味に入れ、やや斜めにしながら切り目を入れます。次に、先に入れた線の刃先に向けて、刃の角度を寝かせ気味にして刃先を入れ、切り取ると、つぼみの花びらの輪郭が浮かび上がります。

9

表面に峰が出ているので、削って丸く整えます。

10

1本目と同じように2本目の線を交互になるように切り取ります。

同じ工程を繰り返し、4本の線を切り取ります。

つぼみの周りに外側からつぼみの下へ斜めに刃を入れ、切り取ります。

刃先が入りやすくなったところで、つぼみの先端部分の下のところを切り取り、先端部分を浮き上がらせます。先端部分をきれいにとがらせるときれいに見えます。同じように6個のつぼみを作っていきます。

2周目のつぼみを作ります。つぼみとつぼみの間に、刃を立てて切り込みを入れ、つぼみの輪郭を描きます。葉の先端部分と、2周目のつぼみの先端部分が一直線に重なるように心掛けると、後々きれいに仕上がります。1周目のつぼみと同じように作っていきます。

パパイヤ・フラワーツリー

つぼみの上の部分の尖っているところは、丸く削ります。こうすることで温かみのある印象になります。

1周目のつぼみの頂点部分から刃を入れ、2周目のつぼみの周りを削り、つぼみを浮き立たせます。左右とも同じようにします。

1周目の葉先と2周目のつぼみの先端が、一直線状になっています。6個のつぼみを同じように作ります。

1周目と同じく、つぼみとつぼみの間に2周目のつぼみを6個作ってきます。

2周目のつぼみの周りに、ギザギザの模様を付けます。三角錐で切り取りながら、ぐるりと1周します。つぼみとつぼみの境目は、両側から切り込みを入れ、三角錐で抜きます。

STRAWBERRY FLOWER
ストロベリー・フラワー

あまおうを使用。デコボコの切り口は、丸のままのせるより、イチゴの存在感を高めます。

STRAWBERRY LEAF
ストロベリー・リーフ

立体感を出し、1つのイチゴを大きく見せることができるカッティングです。

グローバルの刃渡り9cmの皮むきナイフ（GS-38）を使用。

使用するナイフ

1 あまおうのヘタを取り、横にV字に切り込みを入れて切り離します。

1 あまおうのヘタを切り落として、ナイフを持つ手の中指をストッパーにして、ナイフを入れる深さを定めます。ジグザグに刃先を入れます。

2

2 イチゴの中心より少し深く刃先を入れるようにすると、きれいに切り離せます。

切り離したものにもV字で切り込みを入れて、切り離します。2つを少しずらして飾ります。

ストロベリー・フラワー／ストロベリー・リーフ／スマイリー・ストロベリー／ストロベリー・ハート

SMILEY STRAWBERRY
スマイリー・ストロベリー

とちおとめを使用。ヘタの部分を髪に見立てて、男の子の顔にしました。

STRAWBERRY HEART
ストロベリー・ハート

先がとがって、真横から見て2等辺三角形に見えるイチゴがハート型にするのに向いています。

1

とちおとめの側面の、少し下側に切り込みを入れ、半円型に切り取ります。

2

目はクリーム、チョコスプレーなどを利用します。

1

ヘタを取ったあまおうを縦半分カット。ヘタの側を大きめにV字に切り取ります。

2

ヘタの側の白い部分を切り取るように、丸く切って形を整えます。

▶ ストロベリー・クラウン

STRAWBERRY CROWN
ストロベリー・クラウン

あまおうのスライスを、とちおとめのまわりに巻いて王冠に見立てました。

使用するナイフ

グローバルの刃渡り9cmの皮むきナイフ（GS-38）を使用。

1

あまおうのヘタを取って立てて、なるべく薄くイチゴを切ります。

1

端のほうは、イチゴを倒して、ナイフの刃を横にして切ります。ナイフの刃を押して切るとイチゴがつぶれるので、刃を前後に動かしながら切ります。

2

薄切りにしたイチゴは重ねた状態で両手で持ち、両手の指でイチゴの重なりを少しずつ広げていきます。

2

ある程度広がったら、とちおとめのまわりに巻きつけていき、最後はとちおとめにピッタリ巻きついた状態に両手で整えます。そっと先端を外へ広げます。

Vegetable Cutting
ベジタブルカッティング

パプリカ
PAPRIKA

大根
JAPANESE RADISH

人参
CARROT

プチトマト
CHERRY TOMATO

キュウリ
CUCUMBER

カボチャ
PUMPKIN

カッティング法はP196	**PAPRIKA TULIP** パプリカ・チューリップ
	JAPANESE RADISH DALIA ジャパニーズ・ラディッシュ・ダリア
カッティング法はP151	**CARROT LEAF** キャロット・リーフ
	CARROT ROSE キャロット・ローズ
カッティング法はP200	**JAPANESE RADISH CAMiLLA** ジャパニーズ・ラディッシュ・カミーラ

大根の花、パプリカの花、人参の花と、人参の葉を組み合わせ、フラワーアレンジメントのように盛り付けました。飾り終わったら、野菜は蒸したり煮物にして味わうことをお勧めします。

カッティング法はP181	**PAPRIKA BASKET** パプリカ・バスケット
カッティング法はP179	**CHERRY TOMATO FLOWER** プチトマト フラワー
カッティング法はP151	**CARROT LEAF** キャロット・リーフ
カッティング法はP157	**CARROT EAR OF RICE** キャロット・イアー・オブ・ライス

そのまま添えやすいプチトマトですが、ちょっとした飾りをほどこすと、皿が華やかになります。また、マヨネーズやディップソースをパプリカの器に入れて盛り付けると、豪華さも増します。

カッティング法はP157 **CARROT EAR OF RICE** キャロット イアー・オブ・ライス

カッティングした人参、ズッキーニなどを茹でてから串にさし、ソースやチーズをつけて食べるメニューにしました。見た目がおしゃれになるのはもちろん、カッティングすることで、親しみのある野菜が"特別な料理"に感じられます。

| カッティング法はP183 | **CUCUMBER FLOWER** キューカンバー・フラワー |
| カッティング法はP162 | **CARROT FLOWER** キャロット・フラワー |

人参の薄切りを利用して彼岸花に似た立体的な花びらに。サラダに飾ったりサンドイッチの飾りにもなります。ほんの3分ぐらいで作れます。

カッティング法はP166	**CARROT CARNATION** キャロット　カーネーション
カッティング法はP172	**CARROT MADDER** キャロット・マダー
カッティング法はP164	**CARROT MINI FLOWER** キャロット・ミニ・フラワー

固さのある人参は、いろいろなカッティングができます。人参の色合は、いろいろな料理のアクセントになるので、まとめて作って軽くゆでて冷凍しておくと便利でしょう。

カッティング法は P151	**CARROT LEAF** キャロット・リーフ
カッティング法は P188	**JAPANESE RADISH ROSE** ジャパニーズ・ラディッシュ・ローズ
カッティング法は P129	**PAPAYA FLOWER** パパイヤ・フラワー

フルーツ、野菜の花びらと葉の組み合わせは、料理のアクセントに応用が最も広い組み合わせと言えます。大きな花びらは、蒸したり茹でたりして食べやすいようにして盛り付けると喜ばれます。

カッティング法はP206

PUMPKIN DECORATIONAL CASE パンプキン・デコレーションケース

カボチャの果肉、緑の皮のコントラストを利用すると、魅力的なカッティングにできます。カボチャは器にも利用できるのも便利です。これは、プリン液を中に流して、器ごと食べられるカボチャのプリンにした例です。

CARROT LEAF ❶
キャロット・リーフ

使用するナイフ

グローバルの刃渡り11cmのペティナイフ（GP-11）、カービングナイフを使用。

❶

葉の側を切り落とし、幅7cmで、厚み5mmで人参をスライスします。

❷

幅の広いほうを下にして持ち、上のほうをカービングナイフで尖らせて、葉の先にします。人参はまな板に置いて切らないで、手にもって切ります。そのほうがきれいな曲線で切れます。

▶ キャロット リーフ ❶

中指をストッパーにして、刃先が入る深さを一定にしてV字に切り込みを入れて右側にスジを作ります。

人参の上下を持ち替えて、右側にV字の切り込みのスジを作り、中央の葉脈を作ります。

葉脈に沿って、斜め下に向かってV字の切り込みを入れて、葉脈を作ります。自分に向かって刃を動かすと、細かいカッティングでも安定しやすいです。

人参の上下を持ち替えて、葉の下側から斜めにV字に切り込みを入れていきます。

葉脈の形に添って上から、外側にギザギザを作ります。まず、左側に作ります。

続いて右側に同様に葉脈に添って切ります。

CARROT LEAF ❷
キャロット リーフ

使用するナイフ

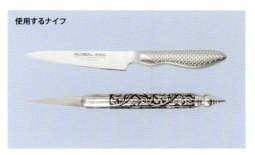

グローバルの刃渡り11cmのペティナイフ（GP-11）、カービングナイフを使用。

葉の側を切り落とし、幅7cmで、厚み5mmで人参をスライスします。

幅の広いほうを下にして持ち、上から下に、ゆるいカーブを描きながらカービングナイフを動かし、V字に切り取ります。中指をストッパーにして、切り込みを入れる深さを一定にして切り取ります。人参はまな板に置いて切らないで、手にもって切ります。そのほうが曲線を描きやすいです。

▶ キャロット リーフ ❷

人参の上下を持ち替えて、最初のスジの右側に、同じくゆるいカーブの切り込みを入れ、V字で切り取ります。

葉脈に沿って、葉先に向かって三角錐の切り込みを入れて、細い葉脈を作ります。

葉脈の形に添って葉先から、外側にギザギザを作ります。まず、左側に作ります。中指をスタンドにして、引き切りになるのように心がけて切り進むと安定して怪我も防げます。

反対側も同様に、外側を切ります。

CARROT PIGEON
キャロット・ピジョン

サラダのトッピングにしたり、料理の付け合せの飾りにしたり、鳩の形は存在感があります。

使用するナイフ

グローバルの刃渡り27cmの牛刀（GP-13）、カービングナイフを使用。

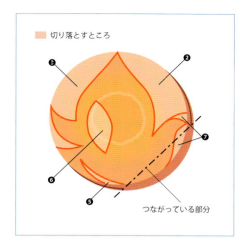

切り落とすところ
つながっている部分

人参の太い側を利用します。1mm厚みで切り、切り落とさないで一部がくっついている状態でスライスします。

▶ キャロット・ピジョン

くっついている部分に頭、首を設けます。P155の図の②の部分から順にカービングナイフで、人参を回して切り落としていきます。最後に、頭になる部分の形を整え、くちばしらしく、尖らせます。

両手でそっと開いて、切込みを入れたP155の図の⑤の部分を内側に折り曲げてひっかけ、羽が開いたままになるようにして完成です。

CARROT EAR OF RICE
キャロット・イアー・オブ・ライス

稲穂(ear of rice)をイメージした形です。茹でたり蒸したりできますので、色々な野菜などとともに盛り合わせたり、細く小さく作ってディップで食べるサラダとしても。

使用するナイフ

グローバルの刃渡り11cmのペティナイフ(GP-11)、カービングナイフを使用。

1

人参は、ヘタ部分を切り落とし、丸く整えます。中央にカービングナイフの刃を斜めに入れ、円錐状に抜きます。

2

カービングナイフで、フチから穴の中心に向かって等間隔で12本線を入れます。

3

円錐の内側に細長いひし形の形を6個作ります。線とフチの交わる交点から、隣の線まで斜めに切り込みを入れます（下図①）。次に同じ位置から、逆側の隣の線まで斜めに切り込みを入れます②。①と②の間にできた三角の部分を、二か所とも切り落とし、ひし形を浮かび上がらせます。

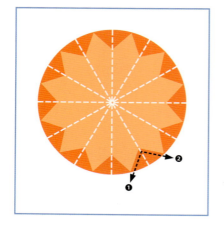

4

円錐のフチの外側から斜めに刃を入れ、切り取ります。

5

デコボコの粗い面を削り、表面を整えます。

6

2周目を作ります。ひし形の頂点（右図Ⓐ）から、最初に引いた線Ⓑの延長上に向けて斜めに線を引きます③。隣のひし形の頂点Ⓒから、先に引いた線と同じ角度で線を引き、交わらせます④。外側から削り、ひし形部分を浮き上がらせます。これを繰り返し、12個のひし形を作ります。

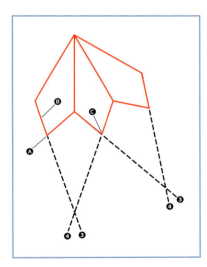

7

表面を整えて、2周目と同じように3周目を作っていきます。ひし形の線は、2周目の線の延長線上に伸ばしていきます。こうすることで、後々ひし形が放射線状にきれいに広がっていくように見えます。ひし形の大きさはだんだん大きくなっていきます。

8

だんだん丸くなり、ひし形が大きく長くなります。ひし形を1周した後は必ず、角ばった部分を削り、表面を整えます。

9

斜めに作った面で、これまでと同じようにして4周目を作っていきます。ひし形の裏側を削る際は、深く彫りすぎないように角度をつけて、透けている刃先を確認しながらから薄く削るように切り取ります。

10

上から横に下がっていきます。だんだん、ひし形は細長くなり、少しずつ小さくなります。

横から見てデコボコを切り整え、これまでと同じようにして5周目を作ります。ひし形の間を削る際に、土台に膨らみが出るようになってきます。細工しにくくなるので、土台部分の膨らみを削り、滑らかに細くつながるように先端部分まで削って整えます。

11

6周目を同じように作っていきます。ひし形の間を削る時、透けている刃先を確認しながら、斜め右方向から刃を寝かせて入れ、薄く削ぎます。

キャロット・イアー・オブ・ライス

12

土台を削りながら表面を整え、ひし形の周回を重ねていきます。ひし形の大きさは、だんだん小さくなっていきます。人参の全長は変えないようにしながら、だんだん細くしていきます。

13

土台が細くなるにつれて、線は刃先のみで浅く引くようにします。ひし形はどんどん縦長になっていきます。

14

土台がさらに細くなり、ひし形の数が保てなくなってきたら、数にはこだわらず、雰囲気を壊さないようにしながらギザギザを作り、だんだん細くなっていくイメージを作ります。

15

彫り進めていくうちに、自然と取れる感じで先端が決まってきます。ギザギザした雰囲気を活かしながら先端を筆先のようにして終わらせます。

CARROT FLOWER
キャロット・フラワー

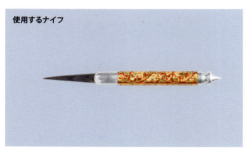

カービングナイフ、ピーラーを使用。

人参を斜めに切り、断面をピーラーで薄切りし、その人参のスライスをまな板に置きます。作業中、人参を切りやすく動かします。

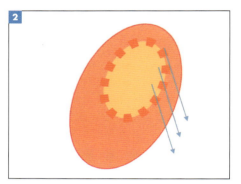

中側から外側へ。(右利きは)左から右へ刃を動かすのが自然です。

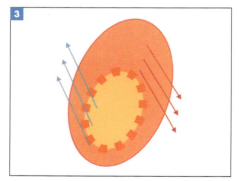

人参を回転させ、2と同じように切ります。

キャロット・フラワー

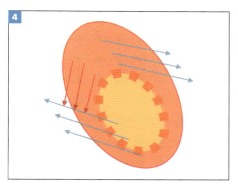

4

右へ人参を移動しますと、切りやすくなります。

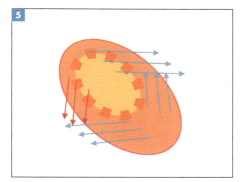

5

人参を回転させ、4と同じように切ります。

6

中央へ。長めに切り込みを入れてから、様子を見て左右へ切り込みをいれます。

7

下の端、中央から（右）外へ切り込みを作り（下の図A）、上の端中央から（左）外へ切り込みを作ります（下の図B）。

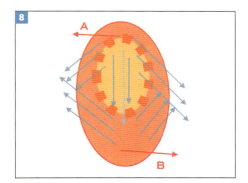

8

上の図Aの切り込みにBの切り込みをひっかけて留め、丸まった状態にします。

CARROT MINI FLOWER
キャロット・ミニ・フラワー

タイのカービングの古典柄の一つです。人参は細い方がこのカッティングには向きます。早く作れるので、小さな花をたくさん作りたい時にも向いています。スープの浮き身にしたり、蒸してそのまま食べてもよいです。

使用するナイフ

グローバルの刃渡り11cmのペティナイフ（GP-11）、カービングナイフを使用。

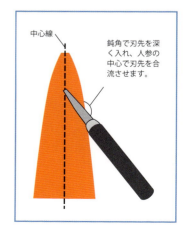

中心線

鈍角で刃先を深く入れ、人参の中心で刃先を合流させます。

1

ペティナイフで人参の皮全体をむき、先端部分を鉛筆を削るように笹がきで削って、尖らせます。

2

人参を左手で回しながら、カービングナイフで5～6枚の花びらを作っていきます。刃先は、人参に添うように少しずつ深く入れ、向こう側へ抜けます。人参の先端より少し下のあたり刃先がで合流するようにします。中心線よりも向こうへ刃が深くなると、必ず花を最後に切り落とせます。

3

刃は、最初は立てて深く、花びらの先端部分では人参に添わせて深く入れます。角度を大きく変えることで、中心部分は厚く、フチはとても薄い花に仕上がります。

4

花部分を切り落とします。1周すると花の部分を切り落とせます。

5

最初と同じく、先端部分を削って尖らせ、同じように花びらを作り切り落とします。これを繰り返します。

CARROT CARNATION
キャロット・カーネーション

人参の葉が付いている側をカッティングします。太い人参が、このカッティングには向いています。

使用するナイフ

グローバルの刃渡り11cmのベティナイフ(GP-11)、カービングナイフを使用。

1

ヘタを切り落とし、3〜4cmの厚さの輪切りにします。

2

皮を剥き、角をしっかり落として、半球状に整えます。

キャロット・カーネーション

3

中央に大きめの円柱を浮き彫りにします。円柱の大きさは、1対1（丸の直径）対1になります。まず、カービングナイフの柄の部分で中央を決め、上下左右の4カ所に目印を付け、その点をつなげて円を描きます。

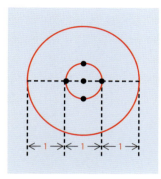

4

下描きに沿って、カービングナイフの刃を1cm程の深さで直角に刺します。時計の9時方向から6時方向へ人参を回して、深さ1cmを目指し引き切りで進み、1周させます。

5

4で切り込みを入れた円の外側から切り込みを入れます。4の円の切り込んだ刃先の位置に向けて、外側から斜めにカービングナイフを刺します。また、カービングナイフの刃先は、人参の真ん中の下あたりを向くようにします。時計の3時方向から6時方向へ向かい、人参を左手で回しながら1周させます。深いところで刃先が合流するイメージです。人参を回すので、刃先は3時の位置のままです。最初に切った丸の切れ目から刃先の影が映るので、確認しながら回すとよいでしょう。

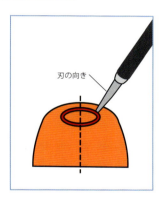

6

中にできた円柱の上の縁の角を削り、丸くします。

7

円柱の緑を削り、丸く整えて、円柱をバラの花にしていきます。ナイフの刃を、円柱の部分の端に垂直に入れます（右図ナイフ①）。次にその切り口の内側から、垂直に入れた刃先に向けて角度を大きく変えて、刃を外向きにして斜めに刃先を入れて切り取り（右図ナイフ②）、花びらを浮き上がらせます。

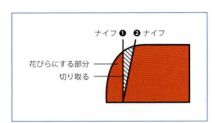

8

表面のデコボコを削って整え、次の花びらを作ります。1枚目の花びらに重なるように、花びらの内側から切り込みを垂直に入れ、角度を大きく変えて斜めに刃先を入れて切り取り、花びらを浮き上がらせます。同じように繰り返し、5枚の花びらを作ります。

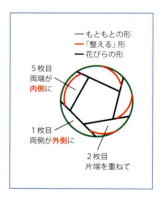

9

花びらの中心部分に、2周目を作ります。低くして花びらは小さくなります。

10

1周目と同じように切り取ると花びらが浮かび上がります。中心部分はつぼみが残っているイメージで、尖らせた形にします。

キャロット・カーネーション

外側の円の縁を斜めに切って円を広げます。

溝の外側に花びらを作っていきます。溝の表面をカーブ状に切り取ります。

花びらの先端になる部分を、ギザギザに切っていきます。刃を立てて入れ、人参を左手で動かしながら、右手の親指と人差し指でナイフの軸をひねりつつ、刃を抜きながら斜めに進みます。花びらの中央部分までは徐々に高く、その後は徐々に低くしていきます。

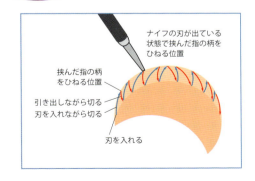

ナイフの刃が出ている状態で挟んだ指の柄をひねる位置

挟んだ指の柄をひねる位置

引き出しながら切る
刃を入れながら切る

刃を入れる

14

花びらになる部分の裏側から、角度を変えて刃を入れ、下側(裏側)を切り取って花びらを浮き上がらせます。

15

2枚目の花びらは、1枚目の裏側から重なるように作っていきます。

16

同じようにして、5枚の花びらを作ります。

17

外側に2周目の花びらを作ります。1周目の花びらと花びらの間から、人参の径のぎりぎりのところまで作っていきます。

18

花びらになる部分の裏側から、角度を変えて刃を入れ、下側(裏側)を切り取って花びらを浮き上がらせます。花びらを5枚作ります。

花を切り取ります。花の下に斜めに刃を入れ、花びらを切らないように円錐状に切り取ります。

刃先は花びらの中心の真下より、少し先を向けるときれいに切り落とすことができます。

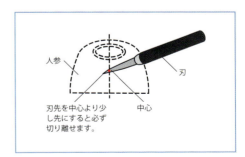

刃先を中心より少し先にすると必ず切り離せます。

CARROT MADDER
キャロット・マダー

人参をカッティングして、なでしこ（MADDEER）の花びらのようにします。花びらのギザギザ部分の練習になるカッティングです。

使用するナイフ

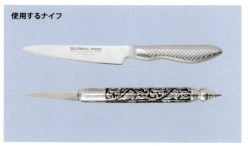

グローバルの刃渡り11cmのペティナイフ（GP-11）、カービングナイフを使用。

1

人参を少し厚みのある輪切りにします。5等分に線を入れ、それぞれ真ん中が盛り上がった状態になるように切り取ります。

2

花びらの先端になる部分を、ギザギザに切っていきます。刃先だけ入れ、人参を左手で動かしながら、右手の親指と人差し指でナイフの軸をひねりつつ、刃を抜きながら斜めに進みます。花びらを5枚作ります。

キャロット・マダー

3

花びらの中央部分までは徐々に高く、その後は徐々に低くしていきます。ギザギザ部分は、中央部分が一番大きくなるように差をつけて作ると、きれいに見えます。中央部分は左右対称の三角に。ギザギザ部分の先端が、中央に向かってなびくような形に表情を付けると、きれいに仕上がります。

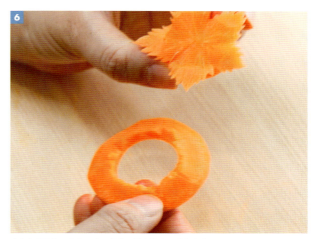

6

上から見えないように底の部分の外側を取り除きます。

4

花びらになる部分の裏側から、角度を変えて刃を入れ、下側(裏側)を切り取って花びらを浮き上がらせます。

5

花を切り抜きます。花びらの外側になる部分から、裏側からまっすぐに刃を入れ、表まで刃を通します。円状に1周させます。

アレンジ

花びらの先端部分を丸くすると、また表情の異なる、ゼラニュウムの花のようになります。

CARROT CRYSTAL BALL
キャロット・クリスタル・ボール

使用するナイフ

グローバルの刃渡り11cmのペティナイフ（GP-11）、カービングナイフを使用。

1

人参は葉の付いていた側を切り落とし、切り落としたところの直径より少し長い幅で切ります。

2

太いほう側を丸く切ります。側面も整えて半球上にします。

キャロット・クリスタル・ボール

3

半球状にした部分が、このキャロット・クリスタル・ボールの下になります。半球の頂点のところを中心にして、12等分にV字に切り込みを入れます。

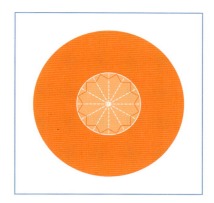

12等分の切り込みの間に、上の図の赤ラインのように切り込みを入れます。

5

4

切り込みを入れたまわりに、カービンクナイフの柄の先など硬いペン先のようなもので圧をかけて丸くスジをを描きます。

6

5で切り込みを入れた部分の下に側面から刃先を入れ、人参を回しながら1周し、5の切り込みを残して切り取ります。

12枚の花びらが浮き彫りになります。

7

切り取ったところを丸く整えてから、2週目のギザギザを作ります。

8

1周目のギザギザの間に2周目のギザギザがくるように刃先を入れます。

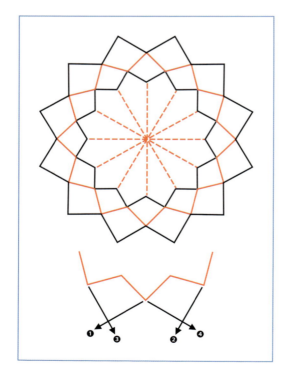

9

6のときと同様に、ギザギザ型に切り込みを入れた部分の下に側面から刃先を入れ、人参を回しながら1周し、ギザギザを残して切り取ります。

10

3周目は同様にギザギザの切り込みを入れますが、それを切り取るときは、側面から刃先を入れるのではなく、下から刃先を入れるようにします。ギザギザの尖がった部分の向きを下向きになるようにします。

キャロット・クリスタル・ボール

11

10と同様に4周目、5周目と切り進めていきます。真上から見て、ギザギザの模様で隠れるようになったら、次の周からはギザギザの大きさを小さくしていきます。

上から見て全面が花びらがすっぽり包み込んでいるように見えます。

12

ギザギザの間にギザギザがくるようにし、ギザギザの三角の大きさは小さくします。ギザギザ型に切り込みを入れた部分の下に下から刃先を入れ、人参を回しながら1周し、ギザギザを残して切り取ります。

13

次の周のギザギザを作る前に、残った部分を丸く、先端を細く切り整えます。

だんだん細くなります。

▶キャロット・クリスタル・ボール

14

同様に次の周のギザギザを切り取ります。ギザギザの三角は、また少し小さくします。

15

また、残った部分を丸く切り整えます。

16

ギザギザの三角をまた少し小さくして切り取り、残った部分を丸く整えます。

17

先端まで、切り進めます。

18

中心の部分は尖らせ、刃先を入れてスジを先端に向かって3～4本入れます。

PETIT TOMATO FLOWER
プチトマト・フラワー

プチトマト、ミニトマトの表面に切り込みを入れて、花のつぼみのような飾りにします。ミニトマトに表情が出て、存在感が増します。

使用するナイフ

カービングナイフを使用。

枝付きのほうを下にして指先でしっかりとミニトマトを持ち、カービングナイフを引きながら側面に切り込みを入れます。

ミニトマトをまわして持ち替え、切り込みの隣に切り込みを入れ、1周します。

次の周は切り込みと切り込みの間の上に切り込みを入れ、1周し、さらにその上に切り込みを入れて1周します。

▶ プチトマト フラワー

プチトマト・フラワーのもう1つのカッティング法。枝付きを上にして持ち、右の図のように上から下へ、V字に切り込みを入れます。薬指をストッパーにして、刃先を1mmほどしか入れないようにして切ります。

プチトマトを持ち替えながら、波型で1周します。その下に同じくV字で切り込みを入れて1周します。

枝付きのほうを下にして持ち替え、V字に切った部分の皮をナイフの刃先を入れて少しはがします。外側に向けて開くようにして、花びらに見立てます。

PAPRIKA BASKET
パプリカ・バスケット

日本に出回る生のパプリカは辛味がなく、肉厚で甘みのあるもの。カラフルな色は器の上で目立つので、サラダのディップやソースを入れる器にカッティングしました。

使用するナイフ

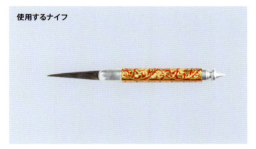

カービングナイフを使用。

1

カービングナイフを持ち、薬指をストッパーにして刃先の3mmほどだけをパプリカに入れます。下の図のように刃先の動きは「上から下へ」と一定にして切り進みます。

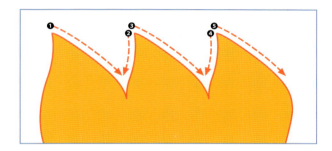

2

1周したら、ゆっくりと力を入れて引き離します。

▶ パプリカ バスケット

花落ち(枝付きでないほう)をバスケットにします。中のタネと、タネが付いていた部分を切り取り、中にものを入れられるようにします。

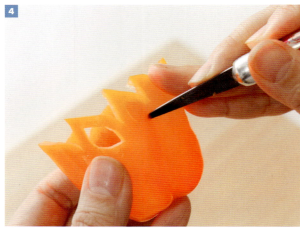

波型に切ったバスケットの淵に飾りの窓を開けます。薬指をストッパーにして下の図のように「上から下」に刃先を動かし、涙型に切り取ります。

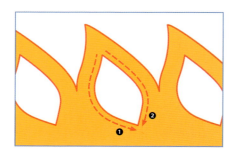

CUCUMBER FLOWER
キューカンバー・フラワー

キュウリを花の形にカッティングします。立てて飾れるカッティングなので、サラダの立体的なアクセントになります。

使用するナイフ

カービングナイフを使用。

1

カービングナイフの刃先より少し長めにキュウリを切ります。

2

切り口に十字に目印をつけ、側面に深さ2mmで切り込みを入れます。中指をストッパーにして、刃先が2mm以上入らないようにして下から1cmのところまで切ります。

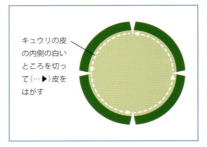

切り込みを入れたところをはがすようにナイフの刃先を皮の内側に入れます。時計回りとは逆の方向に入れます。

キュウリの皮の内側の白いところを切って(…▶)皮をはがす

少しずつ刃を深く入れていき、下から1cmのところまで切ります。これを4か所行います。ここが花びらになります。

内側の部分を丸く切って形を整えます。上から見て、花びらになる部分と、花芯になる部分の間に隙間ができるように削り取ります。

キューカンバー・フラワー ◀

6

皮の部分の花びらになる部分の両角を切って、花びらの形にします。

7

花芯になる部分に、側面に下の図のAのように山形の切り込みを入れます。刃先は花芯を上から見たときの中心に向けて、切り込みの幅は、花芯を上から見たときの8等分の幅に。1周したら、花芯の上部の縁（図のB）から、刃先を花芯の中心の下に向けて円すい状に切り取ります。

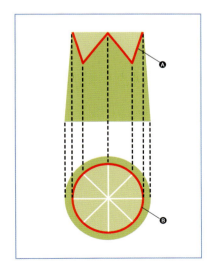

8

外側の花びらにギザギザの模様を付けます。上から、片側ずつ、左図のように「丸く切って①、角を落として②、また丸く切って③、角を落として④」を繰り返して進みます。

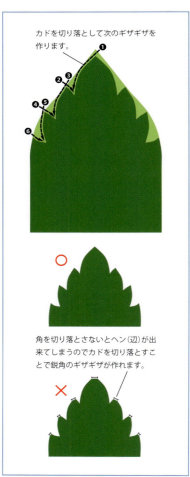

カドを切り落として次のギザギザを作ります。

○

角を切り落とさないとヘン(辺)が出来てしまうのでカドを切り落とすことで鋭角のギザギザが作れます。

×

キューカンバー・フラワー ◀

花びらの中央に小さく、花びらの形に切り込みを入れます。切り抜かないで、下の部分はつなげておき、切った部分を内側に向かせます。

花びらの間に少し間隔が空いてるほうがより花らしくなるので、花びらの間を切って整えます。常温の水に浸けると、花が開くようにキュウリの皮が広がります。この状態で保存し、水気をよく切って盛り付けます。

JAPANESE RADISH ROSE
ジャパニーズ・ラディッシュ・ローズ

使用するナイフ

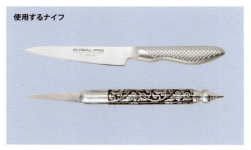

グローバルの刃渡り11cmのペティナイフ（GP-11）、カービングナイフを使用。

1

大根は、直径6cmくらいの部分を使用。45mmの厚みに切り、皮をむきます。

2

切り口の片方を丸く、半球上に形を整えます。

ジャパニーズ・ラディッシュ・ローズ

3

半球形の側が花びらの下になります。半球形の側の側面に切り込みを入れ、右の図のように、続いて角度を変えて切り込みを入れ、花びらになる部分を浮き上がらせます。

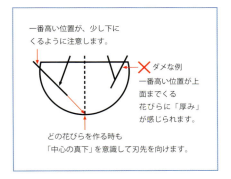

一番高い位置が、少し下にくるように注意します。

✗ ダメな例
一番高い位置が上面までくる
花びらに「厚み」が感じられます。

どの花びらを作る時も「中心の真下」を意識して刃先を向けます。

4

切り取ったところの端を丸く整えます。

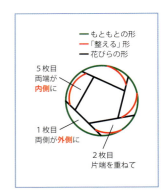

5

花びらが重なるように、右の図のように1枚目の花びらの内側から切り込みを入れます。続いて角度を変えて切り込みを入れて切り取り、花びらにする部分を浮き上がられます。

6

同じように繰り返して、5枚の花びらを浮き上がられます。

7

中央の円柱部分を半球形に形を整えます。このとき、円柱の高さを外側の花びらより低くします。

ジャパニーズ・ラディッシュ・ローズ

1周目5枚目の花びらの隣に2周目1枚目の花びらを作ります。(外側の花びら〜内側の花びらを作ります。交互に配置することは意識しないほうが良いです。たまたまなる分には良いですが)
外側と同様に切り込みを入れて切り取り、花びらを浮き上がらせます。

内側に5枚の花びらを作ったら、また、中央の円柱の形を丸く、低く整えます。

続いて、その内側にも花びらを作ります。最後は、中央の部分を低くして、尖らせて、つぼみがあるような雰囲気に整えます。切りクズが中にあるようでしたら、水の中で振ると出てきます。

JAPANESE RADISH LOTUS
ジャパニーズ・ラディッシュ・ロータス

刺身、カルパッチョ、サラダの飾りに。また、スープの具、おでん、蒸し野菜として使っても引き立ちます。なお、カッティングするときの大根の小片はミキサーにかけて大根おろしにできます。

使用するナイフ

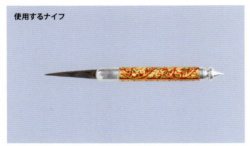

カービングナイフを使用。

1

大根は、ナイフの刃渡り45㎜より厚く、5cmの厚さの輪切りに。皮をむかないでカッティングします。

2

上から下に、縦に切れ目を入れます。刃を入れる深さは2mm程度。中指をストッパーにして切ります。下から1cmほどのところで止め、これを1cmくらいの幅で等分に切れ目を入れます。「10等分」と決めると、大根が太いときに姿が変わってくるので、一番外側の花びらは幅1cmくらいと決めて切り、半分以上進んだら残りの様子を見て幅をそろえます。

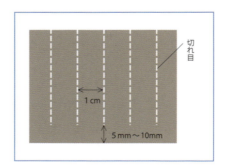

ジャパニーズ・ラディッシュ・ロータス

3

2mmくらいの厚みに切り込みを入れます。何回か刃先を入れながら深く切ります。花びらになる下のほうは少し厚めになるようにすると、花びらが取れにくくなります。同様に進めて、外側の花びらのベースを作ります。

4

内側の大根の側面を、キズがあれば、なくなるまでなめらかに整えます。

5

のぞき込んで見えるギリギリ奥から縦に切れ目を入れます。内側の円柱に、外側のときと同様に縦に切れ目を入れます。刃先は円柱の中心に向け、外側の花びらと交互に花びらが重なるように等分に切れ目を入れます。

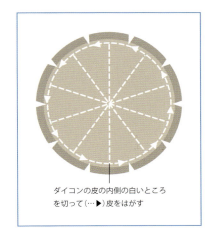

ダイコンの皮の内側の白いところを切って(…▶)皮をはがす

6

2mmくらいの厚みで切れ目を入れて花びらを作ります。外側同様に、刃先を心持ち内側に向けます。逆は花びらが取れる原因になります。花びらは、見えるところは薄めに、見えない下のほうを厚めにするときれいに、しかも丈夫にできます。

8

3周目も同様に、縦に切れ目を入れ、花びらを作ります。内側にいくにつれ、花びらの幅は狭くなってゆきます。はがす深さも浅くしていきます。花びらの幅がより狭くなるので、刃先を入れたら、大根のほうを時計回りとは逆に回して切ります。大根を回して切るほうが安定します。

7

内側を1周したら、4のときのように内側の円柱の側面をキズがなくなるまで整えます。刃先を外に向けて、奥をのぞき込み、刃先を確認しながら整えます。

9

4週目以降、8と同様に花びらを作っていきます。中央の部分は、尖らせます。

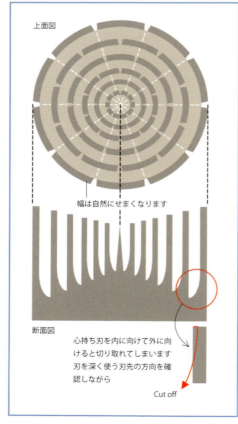

上面図

幅は自然にせまくなります

断面図

心持ち刃を内に向けて外に向けると切り取れてしまいます
刃を深く使う刃先の方向を確認しながら

Cut off

ジャパニーズ・ラディッシュ・ロータス

外側の花びらの形を整えます。外側は厚いので、花びらの先から下に向かって刃先を進めて切ります。

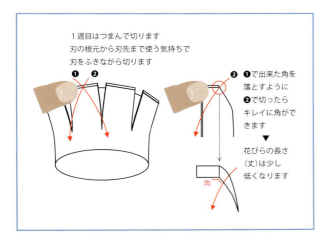

3周目以降も11と同様に花びらの形に切り進めます。

冷水に浸すと、花びらが開いたようになります。保存するときも冷水に浸けた状態で冷蔵すれば、2〜3日はキレイに持ちます。

2週目以降は、大根を持ち替え、花びらの元のほうから花びらの先に向かって、上から下に刃先を下して切ります。

195

JAPANESE RADISH DALIA
ジャパニーズ・ラディッシュ・ダリア

そのまま飾ってもよいし、煮たり蒸したり、スープの浮き身などにも使えます。

使用するナイフ

グローバルの刃渡り11cmのペティナイフ（GP-11）、カービングナイフを使用。

1

大根を、包丁で約4センチの厚みの輪切りにします。この大きさは、包丁の刃の長さと、持ちやすさを基準に決めています。皮を剥き、端を削って半球状に整えます。

2

中央に円柱を浮き彫りにします。カービングナイフの柄の先で、目印を付けます。真上から見て、円の両端より円の直径がやや大きく、その両側はほぼ同じ位の長さ（図の④と⑥が同じ長さで、④と⑥より⑧が少し長くする）になるようにします

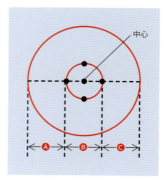

196

ジャパニーズ・ラディッシュ ダリア

3

点を参考にして、カービングナイフの刃先を5mmほどまっすぐ刺します。小指をコンパスの針にする感じで、時計の9時の部分に刺して、6時の方向に刃を上下させながら、大根を回しつつナイフを進めます。大根を回しますので、ナイフは9時の位置のままです。

4

円の少し外側に、切り込みを入れます。最初に切った円の刃先の位置に向けて斜めにカービングナイフを刺します。時計の3時の位置から6時の位置に向かい、ナイフを上下させながら大根を回しつつ切り進み、輪を切り取ります。大根を回すので、ナイフは3時の位置のままです。

5

6等分に溝を作ります。浅く、V字に抜いていきます。

6

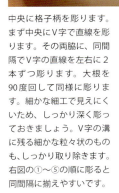

中央に格子柄を彫ります。まず中央にV字で直線を彫ります。その両脇に、同間隔でV字の直線を左右に2本ずつ彫ります。大根を90度回して同様に彫ります。細かな細工で見えにくいため、しっかり深く彫っておきましょう。V字の溝に残る細かな粒々状のものも、しっかり取り除きます。右図の①〜⑤の順に彫ると同間隔に揃えやすいです。

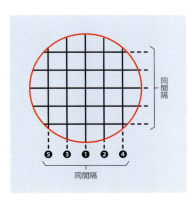

7

外側に6枚の花びらを作ります。6等分に線を入れ、V字状に抜きます。

8

溝と溝の間に、花びらを作ります。溝の根本に刃を立てて入れ、中心に向けて徐々に寝かせてカーブを作り、徐々に刃を立てながら次の溝の根本までを切り取ります。テンポよくすっと刃を滑らせた方が、表面がきれいに仕上がります。6枚とも同じような長さとカーブになるように気を付けましょう。

9

花びらの裏側を切り取り、花びらを浮き上がらせます。

10

2周目を作る前に、土台を削りなめらかに整えます。

11

1周目の花びらと花びらの間に、2周目の花びらを作っていきます。1周目の花びらの半ば位のところから刃を入れ、隣の花びらの半ばまでカーブ状に切ります。花びらの裏側を切り取り、花びらを浮き上がらせます。花びらは1周目よりやや大きくします。6枚とも同じように作っていきます。

ジャパニーズ・ラディッシュ ダリア

後ろを削り、きれいに整えます。花びらの裏の溝部分を際立たせると、丁寧な出来上がりに見えます。

3周目を作ります。フチのところまで花びらをのばすため、フチの所まできれいに整えます。土台を削り、なめらかに整えます。これまでと同じように3周目の花びらを作り、裏側を切り取ります。

花の横から真ん中まで、少し下向きに刃を入れます。真ん中より少し先まで刃を沈め、花びらの形に添って、角度を変えて刃を入れ替えつつ、花びらを切らないように注意しながら切り離します。

JAPANESE RADISH CAMiLLA
ジャパニーズ・ラディッシュ・カミーラ

P196の「ジャパニーズ・ラディッシュ・ダリア」のアレンジです。大根を椿の花に彫ります。そのまま飾ってもよいし、煮たり蒸したり、スープの浮き身などにも使えます。

使用するナイフ

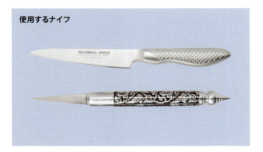

グローバルの刃渡り11cmのペティナイフ(GP-11)、カービングナイフを使用。

1

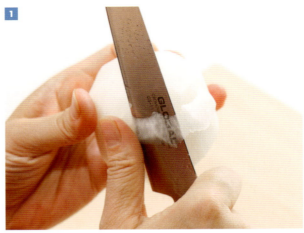

大根を、包丁で約4cmの厚みの輪切りにします。皮を剥き、端を削って半球状に整えます。

2

中央に円柱を浮き彫りにします。カービングナイフの柄の先で、目印を付けます。真上から見て、円の両端より円の直径がやや大きく、その両側はほぼ同じ位の長さ(右図のⒶとⒸが同じ長さで、ⒶとⒸよりⒷが少し長くする)になるようにします。

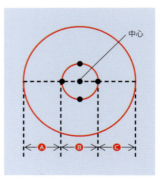

3

点を参考にして、カービングナイフの刃先を5mmほどまっすぐ刺します。小指をコンパスの針にする感じで、時計の9時の部分に刺して、6時の方向に刃を上下させながら、大根を回しつつナイフを進めます。大根を回しますので、ナイフは9時の位置のままです。

4

円の少し外側に、切り込みを入れます。最初に切った円の刃先の位置に向けて斜めにカービングナイフを刺します。時計の3時の位置から6時の位置に向かい、ナイフを上下させながら大根を回しつつ切り進み、輪を切り取ります。大根を回すので、ナイフは3時の位置のままです。

5

中心の円部分に、6等分にやや深めにしっかりとV字の溝を彫ります。

6

フチの部分を削り、円との間の溝を広げます。

ジャパニーズ・ラディッシュ・カミーラ

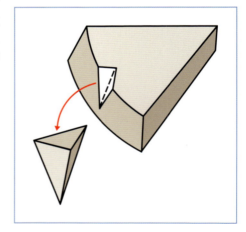

中心部分の円を、6つのハート型にします。先に入れた溝に沿って、横から見て確かめながら、側面の下までさらに深く溝を入れます。円を6つのピースに分ける感じです。角の部分を削り、丸っこく仕上げます。

各ピースのフチの真ん中部分を、三角錐状に小さく抜きます。6ピースとも同じようにします。

各ピースの上部のフチを削り、さらに丸みを出します。

10

各ピースの間の溝の一部を削いで深く彫ると、影ができてより立体的に見えます。

このあたりを深く削ると影ができます。

12

フチを削り、整えます。

13

線と線の間に、花びらを作ります。6枚とも同じ形で、左右非対称の形をした花びらにします。

11

外側に6枚の花びらを作ります。円の溝の延長上に、外側のフチまでV字の溝を入れます。円の中心から刃を入れ、フチまで線を延ばし、丸の周りに六等分の線を引きます。

14

花びらの右側を切る時は、刃を立てて入れ、ねかせてゆきます。すぐに左手で大根を回しながら、親指と人差し指で軸を回し、S字のカーブを描きます。左側を切る時は、刃を立てて入れ、大根を左手で少し回しながら、親指と人差し指で軸をひねり、そのまま加速をつけるような感じでスムーズにフチまで延ばすようにします。

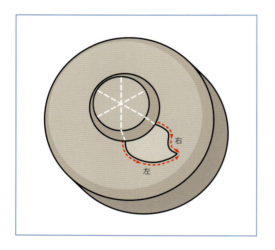

15

花びらの裏側を切り取り、花びらを浮き上がらせます。

16

2周目の花びらを作ります。土台を削って整えます。

17

1周目の花びらと花びらの間に、2周目の花びらを作っていきます。1周目の花びらよりやや大きめにします。

ジャパニーズ・ラディッシュ・カミーラ ◀

18

花びらの裏側を切り取り、花びらを浮き上がらせます。6枚とも同じようにしていきます。

19

花を切り取ります。横から覗き込んで、花びらに沿って横から刃を入れます。真ん中より少し先まで刃を刺し込み、花びらの形に添って、角度を変えて刃を入れ替えつつ、花びらを切らないように注意しながら切り離します。

20

後ろを削り、きれいに整えます。花びらの裏の溝部分を際立たせると、丁寧な出来上がりに見えます。

PUMPKIN DECORATIONAL CASE
パンプキン・デコレーションケース

沖縄産のカボチャを使って、丸ごと器にします。皮のところにキズの少ないものを選びましょう。そのまま加熱して提供したり、タネを抜いた後の空洞部分にプリン液を入れ、蒸し上げたりしてもよいでしょう。

使用するナイフ

刃渡り11cmのペティナイフ（グローバルGP-11）、カービングナイフを使用。

1

カボチャの表面にアタリを付けます。枝付きを中心に、真上から見て、円の直径と、その両側が同じ長さになるように、カービングナイフの柄など硬いペン先のようなもので印を付けます。

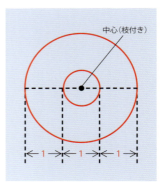

中心（枝付き）

2

円形を想定して6カ所に印を付けます。

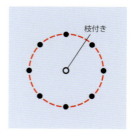

枝付き

パンプキン・デコレーションケース

蓋になる部分を切り落とします。2の印をもとに、ペティナイフの先端をカボチャの中心より少し下に向け、やや斜めから中央の空洞に届くまで、深く突き刺します。刃を前後に動かしながら、枝付きを中心にした六角形に切り目を入れ、抜きます。

真横から上側の部分の皮をむきます。後から加熱して使う予定ならば、電子レンジなどで少し加熱してやわらかくしてからむいてもよいでしょう。

タネとワタの部分をスプーンなどでかき出して、中をきれいに整えます。抜いた蓋の部分も活用するので、こちらもタネとワタの部分をかき出し、きれいに整えておきます。

花を6箇所作ります。蓋部分の六角形の中央部分で、皮を削った部分の真ん中よりやや下寄りの位置に、カービングナイフで目印の十字を描きます。

7

十字を中心にして、円を描きます。円の半径は、上部の蓋部分から1対1対の場所です。

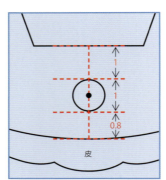

8

円の周りにV字の溝を彫り、円を浮き彫りにします。

9

円の上面の端を削り、半球状に整えます。

10

半球の周囲を6等分し、V字の溝で印を付けます。

花びらを作ります。V字の溝の付け根部分に刃先を入れ、隣のV字の付け根部分までカーブで切り取ります。同じような長さ、カーブの角度で、6枚の花びらを作っていきます。

ひと回り外側に2周目の花びらを作ります。まず、花びらになるはずの部分を削り、なめらかに整えます。

花びらの裏部分から、角度を大きく変えて斜めに刃先を入れて切り取り、花びらになる部分を浮き上がらせます。6枚とも同じようにしていきます。

1周目の花びらと花びらの間に、2周目の花びらを作っていきます。1周目の花びらの先端部分から刃を入れ、隣の花びらの先端部分までカーブで切り取ります。花びらの大きさは1周目より大きくなります。花びらの裏部分から、角度を大きく変えて斜めに刃先を入れて切り取り、花びらになる部分を浮き上がらせます。6枚とも同じようにしていきます。

ひと回り外側に3周目の花びらを作ります。花びらになるはずの部分を削り、なめらかに整えます。皮が残っている場合は皮ごと削ります。

2周目と同じく、2周目の花びらの間になるように6枚の花びらを作ります。裏側を切り取り浮き上がらせます。6枚とも同じようにしていきます。

葉を作ります。花と花の間の隙間を見極め、長さを決めます。中央の葉脈部分を、刃を垂直に入れて線を描きます。

切り口の外側から、垂直に入れた刃先に向けて角度を大きく変えて斜めに刃先を入れて切り取り、浮き上がらせます。

パンプキン・デコレーションケース

中央の葉脈から斜めにV字で抜き、上下2本の葉脈を作ります。左右とも同じようにしていきます。

葉の裏側から、角度を大きく変えて斜めに刃先を入れて切り取り、浮き上がらせます。同じように、花と花の間に合計6枚の葉を作ります。

葉脈の外側に葉の外周を彫ります。葉っぱの形は、隙間を考えながらカーブを工夫すると、見栄えよく仕上がります。

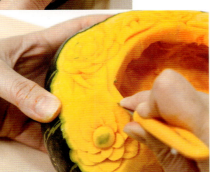

残った皮の部分を見栄えよく整えます。

蓋部分につぼみを作ります。枝付きの部分から、浅く刃先を入れて端までカーブを描きます。ここがつぼみの輪郭になります。内側から角度を変えて斜めに刃先を入れて切り取ります。

▶ パンプキン・デコレーションケース

反対側も同じようにします。

中央部分を浮き立たせるようにしてアーモンド型に丸く整えます。6箇所同じように作っていきます。

つぼみの中央部分に刃を立て気味にして斜めに浅く切り込みを入れます。

切り込みの刃先に向けて角度を変え、斜めに刃先を入れて切り取ります。花びらの輪郭を浮かびあがらせます。

切り込みの刃先に向けて角度を変え、斜めに刃先を入れて切り取ります。花びらの輪郭を浮かびあがらせます。

美しいフルーツ＆ベジタブル

　フルーツ＆ベジタブルカッティングは、普段、見なれた、食べなれたフルーツや野菜を、目で見て楽しみ、香りを楽しめるようにする技法です。スイカやメロンなど、大きなカッティングほど、一見して「難しそう！」と思う方が多いですが、カッティングの基本技法のいくつかがわかると、その繰り返しでの作業ですので、上達が早まります。まずは、カービングナイフの使い方をいろいろ習得するようにしてください。ご自身でカッティングしたフルーツや野菜は、愛おしさも格別のはずです。

　そして、その楽しみの延長で、最後は味を楽しんでください。カッティングしたフルーツを皆で切り分けるのも、楽

PROFILE

フルーツアカデミー®　代表 **平野泰三**
フルーツアーティスト®　　Taizo Hirano
果道家

1956年、東京生まれ。拓殖大学卒業。アメリカ留学時にフルーツの魅力に目覚め、フルーツカッティングの技術を習得。世界中を旅し、帰国後、新宿調理師専門学校に入学。卒業後、東京・新宿「タカノフルーツパーラー」に勤務。現在、東京・中野区の「フルーツアカデミー®」「フルーツパーラー　サンフルール」の代表を務める。フルーツカッテイング、ベジタブルカッティング等の各種講座を設けている。
「フルーツアーティスト®」として、活躍中。著書多数。

お申し込み、お問い合わせなどは下記までお願い致します。
「フルーツアカデミー®」「フルーツパーラー　サンフルール」
〒165-0032　東京都中野区鷺宮3-1-16ヒラノビル1F
Tel 03-3337-0351　Fax 03-3339-6231
info@fruitacademy.jp
http://fruitacademy.jp/

カッティングを味わってください。

しい作業です。また、カッティングした野菜をサラダにしたり、そのまま煮物にしたり蒸したりしても楽しい一品になります。人参の花などは冷凍して保存することもできます。

見なれた、食べなれたフルーツや野菜も、目と香りで楽しんだ後に味わうと、また違った趣が感じられます。

本書に関連して、フルーツ＆ベジタブルカッティングのDVDも発売されますので、どうぞ参考にしてください。

最後になりましたが、本書の出版に関わった編集スタッフの方々、そして、手伝ってもらったフルーツアカデミー®の卒業生の方に御礼申し上げます。

フルーツアカデミー® 校長　平野明日香
フルーツアーティスト®　Asuka Hirano

東京生まれ。ジュエリーの専門学校を卒業。
ジュエリーデザイナーから調理師の道へ進む。
フルーツカッティングを習得。
タイの伝統的フルーツ＆ベジタブルカービングを国内教室と
タイバンコク教室にて学ぶ。
ヨーロッパにて、フルーツ＆ベジタブルカッティングデザインを勉強。
東京・中野区の「フルーツアカデミー®」「フルーツパーラー　サンフルール」にてフルーツ＆ベジタブルカッティングのオーダーメイドを受注販売、フルーツウェディング、パーティ、セレモニー、出張講習も行っている。

撮影協力

石井麻美（左）、新澤結加

フルーツ&ベジタブル カッティング
Fruit & Vegetable Cutting

発行日	2016年10月28日　初版発行
著者	平野泰三（ひらのたいぞう）　平野明日香（ひらのあすか）
発行者	早嶋　茂
制作者	永瀬正人
発行所	株式会社　旭屋出版

〒107-0052
東京都港区赤坂1-7-19
キャピタル赤坂ビル8階

電話　03-3560-9065（販売）
　　　03-3560-9066（編集）
FAX　03-3560-9071（販売）

旭屋出版ホームページ　http://www.asahiya-jp.com
郵便振替　00150-1-19572

- 編集・取材　井上久尚　大畑加代子
- デザイン　冨川幸雄（スタジオリーウェイ）
- イラスト　藤田久美子
- 撮　影　後藤弘行

印刷・製本　株式会社シナノ

ISBN978-4-7511-1231-1　C2077

定価はカバーに表示してあります。
落丁本、乱丁本はお取り替えします。
無断で本書の内容を転載したりwebで記載することを禁じます。
©Taizo Hirano,Asuka Hirano＆Asahiya shuppan 2016, Printed in Japan.